Offering: Right Understanding of It - A Biblico - Theological Study

헌상에 대한 성경신학적 이해

오광만
지음

현상에 대한 성경신학적 이해

초판 1쇄 발행 2014년 2월

지은이 오광만
펴낸이 노천상
펴낸곳 생명나무
전화 02-977-2780
팩스 02-977-2780
등록일 2011. 11. 9
등록번호 306-2011-31
주소 서울, 중랑구 묵2동 234-15
홈페이지 www.rcw.co.kr

총판 (주)비전북출판유통
경기도 고양시 일산서구 덕이동 1347-7
전화: 031-907-3927
팩스: 031-905-3297
디자인 토라디자인(908-5538)

ISBN 978-89-967691-4-9 03230
가격 10,000원

헌상에 대한 성경신학적 이해

오광만
지음

Offering: Right Understanding of It
– A Biblico – Theological Study

by

Oh, Kwang Man

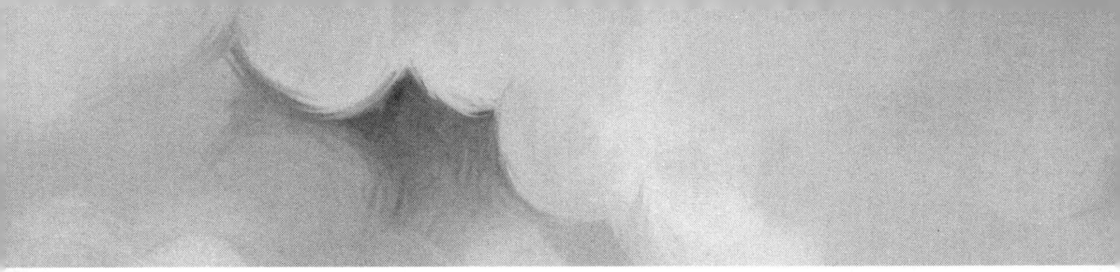

저자 서문

한국에서 헌금, 특히 십일조와 관련한 글을 쓴다는 것은 위험 부담을 감수해야 하는 일입니다. 헌금과 관련한 성경 본문에 대한 이해가 교단마다 다르고, 또 같은 교단 내에서도 교회마다 다르기 때문입니다. 또 하나는 이것이 "돈 문제"와 관련된 예민한 사안이라는 것도 중요한 이유가 될 수 있습니다.

매주일 예배 때마다 갖는 헌금 시간은 우리에게 하나님의 은혜를 알고 하나님께 감사하게 하며, 자원하여 헌신하기를 일깨워주는 은혜로운 시간입니다. 그런데 많은 성도들이 헌금하면서 여전히 마음에 드는 생각들이 있습니다. 헌금의 정신은 무엇일까? 왜 헌금을 하는가? 헌금하는 액수는 어떻게 정할까? 헌금함으로써 얻게 되는 유익은 무엇일까? 등등. 저는 신약학을 전공한 성경학자입니다. 그래서 헌금과 관련하여, 현실적인 면에서 이 질문에 답하는 것도 중요하겠지만, 저는 성경의 가르침이 무엇인지를 알고 거기에 우리의 생각과 삶의 방향을 맞추는 것이 더 중요하다고 믿습니다.

무척 슬픈 것은 한국교회에서 십일조를 많이 강조하고 또 강요하고 있지만, 목회자들 중에서 십일조를 가르치는 본문이 성경 어디에 있는지, 원래 그 본문이 십일조 제도를 통하여 무엇을 가르치려고 했는지 정확하게 아는 사람이 무척 적다는 사실입니다. 기껏해야 (십일조 제도와 전혀 상관이 없는) 창세기 14장의 아브라함 이야기나, 또 (제도로서 십일조나 십일조를 요구한 대상을 잘못 짚어 설명하는) 말라기 3장을 엄격한 십일조 납부의 증거로 제시하는 것이 고작입니다. 하나님에 대하여 우리가 어떤 존재인지 또 하나님의 백성 공동체의 중요성을 가르치기 위한 십일조 제도가 한갓 세금 납부와 같은 의무 사항 정도로 이해되고 있다는 것은 애석한 일입니다.

한국교회가 외국 선교사들에게서 복음을 전해 받은 지도 벌써 120년이 훨씬 지났습니다. 외국에서 체계적으로 공부하고 온 성경학자들이 수백, 수천 명이나 되는 한국교회의 강단에서 성경의 명확한 의미를 왜곡하여, 고상하고 고귀한 제도를 성도들에게 부담만을 가중시키는 제도로 전락시켜 가르치는 것은 반성해야 할 일입니다. 이러한 충정어린 마음에서 저는 헌상의 의미를 성경을 중심으로 설명하려고 합니다. 다시 성경으로 돌아가자는 말입니다. 과연 성경은 헌상에 대하여 어떻게 가르칠까요?

이제는 한국교회가 성경 이해의 수준도 높아지고 성도들 한 사람 한 사람이 신앙에 성숙해졌기에, 헌금에 대한 성경적인 바른 교훈을 반추하는 것이 필요하다고 생각합니다. 헌금에 대한 성경의 교훈은 우리를 의무감에 사로잡힌 신자로 만드는 것이 아니라 하나님의 은혜를 깨닫게 하는 복음으로 인도한다는 것이 저의 확신입니다.

이 책은 제가 발표했던 논문 "헌금과 그리스도인의 헌신: 십일조 본문 재검토." 『성경신앙』 24 (2010): 89-149의 내용을 근간으로 만들어졌습니다. 원본의 글이 학문적인 글쓰기 형식을 취하고 있기에 이 책에서는 그 내용을 대중적으로 읽히기 쉽게 편한 용어를 쓰고 모호한 부분에 설명도 가하고 새로운 주제를 상당히 많이 첨가했습니다. 달라진 점은 이것입니다. 원래의 논문에서는 십일조만을 논의의 대상으로 삼았었는데, 이번에는 신약의 물질 드림을 가르치는 본문을 대거 논의하면서 적극적으로 어떻게 바른 헌금 생활과 헌상을 할 것인지를 강조하였습니다. 이런 상황에서도 원래 논문에 있었던, 그리고 수정하면서 첨가한 글에서 저의 논지를 지지하기 위해 학문적인 글쓰기에 사용되는 각주는 없애지 않고 그대로 두었습니다. 혹시라도 저의 글이 저 개인적인 생각에 불과하다고 의구심을 갖는 사람이 있을까 우려해서입니다. 각주는 글 쓰는 사람의 글이 객관성을 지녔다는 것과 그가 다른 학자들과 학문적인 교류를 하고 있음을 보여줍니다. 전체적으로 이 책은 학술적인 논의보다는 대중적인 독자들을 겨냥한 것이니만큼 가급적이면 읽기 쉽게, 때론 설명적인 글을 지향했습니다.

제 생각에 많은 지지를 보내준 여러 제자들과 제 논문을 함께 읽고 토론을 벌인 개혁주의 집담회에 참석한 목사님들, 특히 그 모임을 주선한 푸른교회의 권형록 목사님께 감사합니다. 이런 내용의 글을 충분하게 써서 책으로 낼 것을 권하고 독자들 입장에서 글의 방향을 다듬어 책의 내용을 더 빛나게 하신 노천상 목사님께 고마움을 전합니다. 매주일 예배와 설교로 많은 은혜를 끼쳐주시는 강변교회의 허태성 목사님, 저의 생각이 정도를 벗어나지 않도록 늘 노심초사하며 조언해주는 아내 윤지완에게 감사합니다. 주님께서 이 책을 통하여 한국교회를 한 차원 더 높은 헌신의 삶으로 이끌어 주시고, 교인들의 신앙을 더욱 돈독히 해 주시기를 기도합니다.

2014년 1월

저자 씀

Offering: Right Understanding of It - A Biblico - Theological Study

글을 시작하며

글을 시작하며

구약성경에서 물질을 드리는 것과 관련된 본문은 대부분이 소득의 십분의 일(일명, "십일조")을 명하는 본문들입니다. 대다수의 현대교회에서 이 본문들은 교인들의 헌금 납부의 표준으로 사용되고 있으며, 여기서 한 걸음 더 나아가 십일조 납부를 훌륭한 신앙의 척도로 삼고 있는 실정입니다. 그리고 사실 신앙이 있어야 물질을 드릴 수 있습니다. 이에 대해 요즈음 젊은 신학자들 사이에서는 십일조가 구약시대에 속한 것이라면서 교회에서 신자들에게 자유로운 헌금을 가르쳐야 한다고 주장하는 움직임이 있습니다.

한국에서는 오랫동안 십일조 문제가 교단의 정책과 결부되어 있어서 한 두 사람의 목소리로는 십일조에 대해 왈가왈부하는 것이 금지되어 있었습니다. 이런 한국교회의 분위기 속에서 십일조의 존폐 문제를 수면 위로 내놓고 논의하거나 공개적인 논쟁을 벌인다는 것은 무척 용감한 일이라고 생각합니다.[1] 저는 그간의 논쟁을 지켜보면서 한국에서 이 문제

---

1) 인터넷의 보급으로 그 동안 수면 아래에서만 논의되던 "십일조"와 같은 민감한 주제도 이제 드러내놓고 논의하게 되었습니다. 대표적으로 1990년대에 뉴스엔조이 인터넷 사이트에서 벌어진 십일조에 대한 열띤 토론을 예로 들 수 있습니다. 지금은 그 사이트가 폐쇄되었지만, 온라인상에서 이 문제를 제기한 분은 국제신학대학원대학교에서 구약학을 가르치던 성기문 교수입니다. 그 후 십일조와 관련된 서적이 많이 출판되었습니다. 목회자로서 십일조에 대해 쓴 책들 이외에, 본문을 탐구하고 진지하게 쓴 책 몇 권을 소개합니다. 구약의 십일조가 신약시대에는 폐지되었음을 주장하는 책은 박민홍. 『십일조의 혁명』. 서울: 대장간, 2008; 조성기. 『십일조는 없다(예수보다 물질을 탐하는 한국교회)』. 서울: 평단문화사, 2012. 여전히 신약시대에도 지속되면서 최소한의 연보

가 해결되려면 멀고 험한 길을 가야 할 것 같다고 생각하게 되었습니다. 십일조 찬반 진영이 너무도 첨예하게 대립하고 있기 때문입니다.

십일조 폐지론자들은 십일조 제도 자체가 옛 율법에 속한 것이므로 옛 언약의 폐지와 아울러 십일조 역시 폐지되어야 한다고 주장합니다. "새 포도주는 새 부대에" 담아야 한다는 것이 이들 주장의 핵심입니다(막 2:22). 인터넷에서 십일조 논쟁을 불러 일으켰던 성기문 교수는 그가 온라인 신문 『뉴스앤조이』에서 수 개월간 연재했던 "한국교회의 십일조 논쟁"의 부록 내용을 논문으로 발표한 글에서, "장 칼뱅을 시조(始祖)로 받들고 있는 한국 장로교회의 십일조관은 불행하게도 칼뱅의 견해와 '전혀'(absolutely) 부합하지 않는다"고 진단합니다.[2)]

반면에, 십일조 옹호론자들은 십일조가 성경의 권위에 기초하고 있기에 오랫동안 교회에서 실행되어 왔으며 교회의 재정 수입의 중요한 부분을 담당해 왔다고 주장합니다. 특히 이들은 구약성경에 등장하는 몇몇 본문(창 14:20; 28:22; 말 3:10)을 근거로 십일조가 성도들의 당연한 의무라고 믿습니다. 이들에게 창세기 본문은 십일조가 모세 율법 이전에도 실행되었기 때문에 설령 율법이 폐지되었다고 하더라도 여전히 십일조의 유효성의 근거가 되는 증거본문으로 이해되고 있습니다.[3)] 또한 옹호론자들은 말라기 본문을 십일조가 하나님께서 하늘 문을 열고 복을 주시는 방법을 가르치는 말씀이라고 주장합니다(말 3:10). 십일조는 하나님께 반드시 지불해야 하는 빚 또는 세금과 같아서, 이 의무를 감당하지 않는 그리스도인은 말라기 3장에 의거하여 "하나님의 것을 도둑질하는 사람"으로 낙인찍힙니다(말 3:8, 9). 그래서 경건한 그리스도인의 판단 기

의 기준으로 작용하고 있다고 주장하는 책은 김인환. 『십일조 신학』. 서울: 총신대학출판부, 2005; 조병남. 『십일조를 꼭 해야 하나요?』. 서울: 쿰란출판사, 2009; 박일배. 『너무도 성경적인 십일조 이야기』. 서울: 리북, 2012.

2) 성기문. "장 칼뱅의 주석에 따른 구약 십일조와 신약 헌금." 『진리와 학문의 세계』 6 (2002), 29.

3) J. J. Mitchell, "Tithing, Yes!," *Presbyterian Guardian* (Oct. 1978), 6.

준의 하나로 십일조가 제시되는 것입니다.

오늘날 십일조 제도가 신약시대에도 여전히 유효하다고 믿는 교회가 그 제도가 폐지되었다고 믿는 교회보다 훨씬 많습니다. 이런 이유로 많은 그리스도인들은 조금도 주저함이 없이 오늘날에도 십일조를 드려야 한다고 생각합니다. 그들은 하나님께서 그리스도인의 수입의 십분의 일을 주의 사업을 위해 드리라고 명령하거나 요구하고 있다고 믿습니다. 말하자면 십일조 시행은 하나님의 백성들에게 부과된 당연한 의무로 이해됩니다. 코올스(R. T. Cowles)는 십일조 옹호론자들이 십일조에 대해 어떻게 생각하고 있는지, 그 입장의 핵심을 다음과 같이 요약적으로 잘 진술했습니다.

> *십일조는 하나님께 바쳐야 하는 일종의 신성한 세금과 같다. 그리스도인인 우리에게 하나님께서 되갚기를 바라시는 것은 우리의 수입의 십분의 일이다. 당연히 하나님의 것인 그 분량을 하나님은 내라고 요구하신다. 나는 그리스도인이기 때문에 십분의 일을 하나님께 드린다. 나는 하나님께서 책정하신 신성한 세금을 내야하는 하나님의 자녀다. 이 세금을 납부해야만 나는 비로소 하나님께 무엇인가 바쳤다고 할 수 있다.* [4]

이 주장에 동의하는 사람들은 항상 그들의 입장을 지지하는 구절로 구약성경, 특히 말라기 3장 10절(만)을 인용합니다. 십일조의 요구가 무조건적인 구속력을 지닌다는 것을 설명하기 위해 오직 이 한 구절을 의존한다는 것은 의미심장하면서도 생각해 볼 여지가 있습니다.

제가 질문하고 싶은 것은 이것입니다. 십일조 교리가 정말로 이 한 구절에(만) 의존해 있을까요? 말라기 3장이 십일조의 당위성을 설명하는 구절일까요? 십일조라는 단어가 등장하고, 십일조가 명문화 되어 있

4) R. T. Cowles, *Scriptural Teaching on Stewardship* (Grand Rapids: Baker Book House, 1958), 6.

는 본문에서 십일조를 요구하는 목적은 무엇일까요? 그 본문들을 어떻게 해석하는 것이 바른가요? 아니, 좀 더 근본적인 질문을 해봅시다. 신약시대에 십일조 제도는 계속 유지해야 하는 성경적인 제도일까요? 구약성경에 명확하게 기록된 십일조에 대한 본문을 신약시대의 관점에서는 어떻게 이해해야 할까요? 십일조가 신약시대에 살고 있는 그리스도인들에게 청지기의 규율과 헌신에 대한 예가 될 수 있을까요? 성경에 있는 하나님의 말씀이니 십일조에 대한 요구를 우리는 겸손하게 받아들이고 실천해야 할까요? 아니면, 이것은 옛 시대의 독특한 상황에 국한되는 잠정적인 명령으로 이해해야 할까요?

이 질문들은 구약과 신약의 관계, 율법에 대한 신약시대의 이해, 십일조 제도가 당대에 어떤 목적으로 의도되고 어떤 방식으로 시행되었는지의 문제와 관련한, 사실 성경해석학적인 문제입니다. 그러므로 이 질문에 제대로 대답하려면 성경 석의와 성경해석학적으로 본문을 분석하고 설명해야 합니다. 우리가 다루는 주제와 관련하여 가장 중요하고 근본적인 사안은 이것입니다. 십일조의 의미와 시행은 특히 율법의 연속성 문제와 관련하여, 하나님의 백성에게 영원한 규범으로 자리하고 있는지, 아니면 구약의 여느 제사제도처럼 당대에 시행되다가 신약시대에 와서 그 외형은 폐기되고 그 정신만이 남아 있는 한시적인 제도였는지의 문제와 직결된다는 사실입니다.

어떤 의미에서, 하나님의 백성이 십일조를 드린다는 것은 하나님의 백성이 하나님께 자신을 드리고 예배 중에 헌신을 표현하는 의미 있는 행위입니다. 하지만, 또 다른 의미에서 우리가 기억해야 할 것도 있습니다. 십일조 시행 자체는 율법시대보다 더 충만한 계시가 주어진 신약성경에 비추어 재고해 보아야 할 구약시대에 속한 예배 방법이라는 사실입니다.

저는 앞에서 제기한 두 가지 상반된 입장을 염두에 두고 헌금 문제를 다루려고 합니다. 십일조를 내는 그리스도인의 삶이 그리스도인의 윤리, 청지기의 삶, 하나님께 전적인 헌신의 삶과 관련이 있기 때문에 저는 이 책에서 십일조와 관련된 구절을 중심으로 십일조의 정신이 무엇인지를 밝히고, 그 결과 그리스도인의 헌신과 청지기의 삶의 문제가 어떻게 연결되어 있는지를 제시하려 합니다. 구약성경에서는 헌금이 십일조로 표현되었고 실행되었기에 구약본문 중에서는 주로 십일조와 관련된 본문을 해석할 것입니다. 신약성경에서는 한두 본문(마 23:23; 눅 11:42; 눅 18:12)을 제외하고는 십일조에 대한 언급이 없기 때문에 넓은 의미로 연보나 교인들을 위해 돈 사용하는 문제를 다룬 본문을 분석하고 설명할 것입니다.

제가 이 책에서 사용할 방법은 성경신학적 방법과 성경 계시에 대한 구속사적 이해입니다. 이 방법은 성경이 하나님의 계시를 기록한 책이라는 것과 그 계시가 역사적인 과정에 따라 점진적으로 주어졌으며, 그리스도 안에서 완성되고 절정에 도달한다는 사실을 성경 주해에 적용하는 것입니다. 이와 아울러 저는 십일조와 관련된 본문의 상황적인 배경을 밝혀 십일조에 대한 균형 잡힌 결론을 이끌어내려고 합니다.

글 쓰는 순서는 이렇습니다. 십일조와 관련된 본문의 의미를 탐구하기에 앞서 저는 본서 1장에서 웨스트민스터 신앙고백에서 신약시대의 성도들이 율법과 예배에 대하여 가르치는 내용을 소개하고, 신약성경에서 구약과 신약의 관계를 언급하는 본문을 검토할 것입니다. 그래서 이 두 연구에서 내린 결론에 비추어 구약 계시와 신약 계시의 연관성을 살펴볼 것입니다. 그리고 이러한 관점에 근거하여 본서 2장과 3장에서 십일조를 언급하는 본문들이 당대에 어떤 목적으로 주어졌으며, 신약시대에 와서 어떻게 이해되었는지를 밝힐 것입니다. 마지막으로 저는 4장에서 초대교회와 교회사의 실례를 제시하고, 5장에서 헌금의 정신을 요약하고 예배 중에 구체적으로 연보하는 방법을 제안할 것입니다.

Offering: Right Understanding of It - A Biblico - Theological Study

제 1장

율법에 대한 신앙고백과 성경의 이해

제 1장
율법에 대한 신앙고백과 성경의 이해

1. 웨스트민스터 신앙고백에 나타난 율법 이해

웨스트민스터 신앙고백서 제19장은 "하나님의 율법"에 관한 문제를 다룹니다. 해당 장(章) 2항에는 아담이 타락한 후에도 계속해서 의에 대한 완전한 법칙이 되게 하는 십계명이 주어졌다는 내용이 언급되었고, 이어서 3항에는 의식법에 대한 내용이 설명되었습니다.

> *일반적으로 도덕법이라 부르는 이 율법 외에도 하나님은 이스라엘 백성에게 하나의 미숙한 교회로서 의식법을 제정해 주기를 기뻐하셨다. 여기에는 여러 가지 예표적인 규례들이 포함되어 있는데, 부분적으로는 예배에 대한 것과 그리스도를 예표하는 것들, 그분의 은혜와 행위들 및 고난과 유익들을 예시하고 있으며, 부분적으로는 도덕적 의무들에 대한 다양한 지침들을 주고 있다. 모든 의식법들은 이제 새 언약 아래에서는 폐지되었다(참조. 막 7:18, 19; 갈 2:4; 엡 2:15, 16; 골 2:14, 16, 17; 히 7-10장).*

웨스트민스터 신앙고백은 율법을 영원한 효력을 발휘하는 도덕법과 일시적인 의미를 지니면서 장차 올 그리스도를 예시하는 의식법으로 나누어 설명합니다. 의식법은 미숙한 교회에 주신 것이며, 그것은 그리스도를 예표하는 것으로서 새 언약 아래에서는 폐지되었다는 것이 19장 3

항의 핵심입니다.

웨스트민스터 신앙고백은 계속해서 이스라엘 백성들에게만 유효하고 다른 시대의 다른 백성들에게는 "일반적인 정당성이 요구할 수 있는 것 이외에는 더 이상 지킬 의무가 없는" 시민법에 대해서도 언급합니다(19장 4항). 웨스트민스터 신앙고백은 도덕법을 신약시대에도 여전히 유효한 율법으로, 의식법과 시민법을 신약시대에는 폐지된 율법으로 규정합니다.

이 부분은 오해를 불러일으킬 만한 내용이므로 약간의 설명이 필요합니다. 사실, 성경에는 율법이 긍정적이든 부정적이든 단순히 "율법"이라고만 지칭되었지, 율법을 세부적으로 도덕법, 의식법, 시민법으로 나눠 언급한 예가 없습니다. 하지만, 율법을 이렇게 구분하여 이해하는 것이 여러 면에서 유용합니다.

율법을 세 부분으로 구분하는 것의 정당성을 설명하기 전에 "율법"에 대한 고전적인 이해들을 먼저 살펴보는 것이 좋을 것입니다.

첫 번째 견해는 신율주의(Theonomy)의 입장을 따르는 사람들의 견해입니다. 신율주의는 하나님께서 이스라엘을 다스리면서 주신 법(율법)을 어느 시대에나 통용되는 법과 원칙으로 이해해야 한다는 견해입니다. 그래서 신율주의에 따르면, 신약시대에라도 구약시대처럼 한 국가가 하나님의 언약백성이라고 불릴 정도로 기독교적인 요소를 갖춘다면, 율법을 그 국가의 헌법으로 삼아야 합니다. 그 나라는 율법으로 하나님이 친히 다스리는 나라(신정국가)가 될 것입니다. 말하자면, 율법은 모든 시대, 모든 장소에서 적용해야 하는 영원한 법인 셈입니다. 그런데, 신율주의 입장을 지지하는 사람들도 제사장 제도나 제사 제도 등 의식법은 그리스도 안에서 모형론적으로 성취되었으므로 폐지되었다고 믿으며, 다만 시민법과 도덕법만이 신약시대의 교회에 그대로 전달되어 적용해야

하는 법이라고 이해합니다.[1]

두 번째 견해는 고전적인 세대주의의 견해입니다. 세대주의는 성경을 문자적으로 해석해야 한다는 입장을 고수합니다. 이러한 해석학적 입장을 성경에 적용하게 되면, 이스라엘 백성에게 적용되는 하나님의 경륜과 (주로 이방인들로 구성된, 또는 이방인과 유대인이 혼합되어 있는) 신약의 교회에게 적용되는 하나님의 경륜은 다르게 됩니다. 특히, 고전적인 세대주의가 견지하고 있는 이런 입장은 결국 이스라엘과 교회의 단절을 주장하기에 이릅니다. 그렇다면, 율법의 어느 부분도 신약 교회로 이어지지 않습니다. 구약성경에서 민족적인 이스라엘에게 주신 율법과 제사제도는 이스라엘 백성에게만 적용되고, 신약교회와는 무관한 것이기 때문입니다.[2]

세 번째 견해는 웨스트민스터 신앙고백에 천명된 종교개혁자들의 견해입니다. 앞에서 언급했다시피, 웨스트민스터 신앙고백에는 의식법과 시민법을 그리스도께서 오심으로 폐지된 것으로, 십계명으로 대표되는 도덕적인 부분은 신약교회에 이어졌고 계속해서 사용되는 율법으로 이해한 종교개혁자들의 입장이 반영되었습니다.

그래서 웨스트민스터 신앙고백은 한편 여전히 교회와 그리스도인의 생활의 규범과 표준이 되는 도덕법을 제시합니다. 십계명은 도덕법의 대표이며, 이 법은 어느 시대에든지 하나님의 백성이 지켜야 하는 율법이라고 말입니다(마 5:17-20). 예수님께서는 "하나님을 사랑"하는 것과 "이웃을 사랑"하는 것을 모든 사람에게 요구되는 율법의 요약으로 제시하셨습니다(신 6:5; 레 19:18; 마 22:37-40; 요 13:34, 35).[3]

---

1) 신율주의자의 대표적인 저자와 저서는 Greg L. Bahnsen, *Theonomy in Christian Ethics* (Nutley: Craig Press, 1979)입니다.

2) 이 분야의 고전적인 책인 Charles C. Ryrie, *Dispensationalism Today* (Chicago: Moody Press, 1967)을 보십시오.

3) 머리(John Murry)는 모세 언약에서 순종을 요구한 것이 복음 하에서 요구하는 것과 원리상 동일

그러나 다른 한편, 옛 언약과 새 언약의 관계와 관련하여 웨스트민스터 신앙고백은 그리스도 오시기 이전 옛 언약 하에서만 통용되던 법이 있음을 제시합니다. 그것은 의식법과 시민법으로서, 이 두 법은 이스라엘 백성이 하나님께서 주시는 약속의 땅에서 사는 삶을 규율하던 법이었습니다.[4] 그래서 율법 전체가 하나님의 백성에게 규범적인 법인 것은 사실이지만, 동시에 율법 중에는 새 언약의 사건 때문에 그 율법을 신약시대에 적용할 때 구약시대에 주어진 것과 다르게 적용해야 하는 결정적인 변화가 발생한 것도 사실입니다.

저는 종교개혁자들이 율법에 대한 입장을 가장 잘 표현했다고 믿습니다. 그렇다면 독자들 중에는 궁금해 하는 사람이 있을 것입니다. 무슨 근거로 의식법과 시민법이 신약시대에 폐지되었고, 도덕법은 계속되는지 말입니다. 성경에 그 답이 있습니다.

바울 사도는 초대교회에서 일어나는 문젯거리 가운데 하나인 율법의 외적 의식들(음식법, 정결례법, 할례, 절기 지킴 등)을 지목하면서 이런 것들은 신약시대에 더 이상 필요가 없다고 가르쳤습니다. 그것들은 초등학문에 속한 것이며, 그리스도가 오심으로 그림자와 모형으로 지칭하던 것들이 성취되었으므로 그림자와 모형이 더 이상 필요가 없는 시대가 되었다는 것이 그 이유였습니다(갈 4:3, 9; 엡 2:13–18; 골 2:8, 20).[5] 이것은 성경을 점진적인 계시를 기록한 책으로 이해한 터 위에 내린 결론입니다.

하다고 주장합니다. 그래서 심지어 신약의 성도들도 하나님께 율법 없는 사람이 아니라 그리스도의 율법 아래 있는 사람입니다. John Murray, *Principles of Conduct* (Grand Rapids: Eerdmans, 1957), 199–201.

4) 예컨대, 신명기 12:1–26:19.

5) 성경 계시의 점진성과 그리스도 안에서 완성되었음에 초점을 맞추면서 이 문제를 다룬 빌(G. K. Beale)의 견해를 참고하십시오. G. K. Beale, 『신약성경신학』, 김귀탁 옮김 (서울: 부흥과개혁사, 2013), 801–805, 812–16, 878–82.

구약의 율법은 우리로 하여금 하나님을 사랑하라는 크고 첫째 되는 계명과 이웃을 사랑하라는 둘째 계명에 집중됩니다(마 22:36-40). 그리스도와 바울은 사랑의 계명이 신약시대에도 여전히 효력을 지니는 계명의 역할을 한다고 가르칩니다(마 19:19, 19; 눅 18:20; 롬 13:9, 10; 약 2:8). 하지만, 구약성경에는 이방인과 구별하여 이스라엘 민족만의 특징을 알려주는 규율(할례)과 하나님의 모든 계시를 완성하실 메시아를 지칭하면서 그분이 오시기 전까지만 잠정적으로 사용되던 법도 있었습니다.

할례와 관련하여 바울은 이렇게 말합니다. 그리스도인들은 그리스도와 함께 죽고 부활함으로써 내면적인 할례를 받았다고 말입니다(골 2:11-13). 음식법과 관련하여, 그리스도인들은 그리스도의 피로 정결하게 되었으므로 정결례법이나 음식법이 더 이상 필요하지 않습니다(골 2:16, 17). 절기와 관련하여, 그리스도께서 우리에게 안식과 구원과 죄 사함을 주셨으므로 부분적으로 이런 것들을 기념하던 구약시대의 모든 절기는 신약시대에 더 이상 적용되지 않습니다(갈 4:10; 골 2:16). 특히 성전과 제사와 관련하여, 그리스도는 물리적인 성전의 완성자이십니다. 그분이 영원한 대제사장이시므로 신약시대에는 아론 계열의 제사장은 필요 없게 되었습니다. 그리스도가 영원한 제물로 단번에 제사를 드리셨으므로, 제사와 예물과 관련된 모든 모형론적 실행이 성취되었습니다(골 1:17; 히 7-10장).

바울은 신약시대의 교회가 이스라엘이라는 민족으로만 구성된 것이 아니라, 대부분이 이방인들로 구성된 이상, 이방인들에게 유대인들에게 강요하던 것을 요구할 수 없다고 강하게 주장합니다(갈 2:11-21. 참조. 행 15:1-29). 그래서 "인간 집단을 이런 식(이스라엘을 이방인들과 다른 민족으로 구별시킨 많은 율법들처럼)으로 구분하는 율법들(의식법과 시민법)은 폐지되어야 했고, 도덕법만이 새 창조 시대에 적합한 것으로 남

게 되었다"고 평가한 빌(G, K. Beale)의 견해는 백 번 타당합니다.[6]

그렇다면, 십일조 제도는 율법의 세 구분 중에 잠정적인 법인 의식법이나 시민법에 해당할까요? 아니면 영원한 법인 도덕법에 속할까요? 사실 성경에서는 이 질문에 대해 단정적으로 언급한 부분은 없습니다. 저는, 율법의 세 부류 중에서 십계명과 관계된 도덕법이나 대인관계의 법을 규정한 시민법과는 달리, 십일조를 의식법으로 분류하는 것이 바르다고 생각합니다. 구약성경에서 십일조가 구약의 제사 제도와 지파의 구분과 전형적인 의식법의 하나인 봉헌물이나 예물 드림과 관련하여 언급되기 때문입니다(레 27:30, 33; 민 18:20-32; 신 12:6, 11, 17; 14:22-29; 26-12; 말 3:8).[7]

하지만 십일조가 의식법으로 분류되고 그런 특성을 지녔다고 해서 십일조의 도덕법적 특성을 간과해서는 안 될 것입니다. 그것이 다른 사람을 돕는 행위로써 이웃 사랑을 실천하는 방법이고, 하나님께 예배하면서 하나님께 자신을 드린다는, 그리스도인의 헌신의 삶을 교훈하기도 하는 까닭입니다. 그렇다고 하더라도 십일조가 원래 곡식의 십분의 일을 드리는 행위에서 연유한 것이니만큼 십일조 제도 자체는 구약의 다른 예물 드림이나 제물 드림과 관련된 의식처럼 의식법으로 분류하는 것이 바릅니다.

특히 십일조가 정말로 구약의 대표적인 의식법에 속하는 제사 제도와 관련되었는지 알려면, 구약의 제사장 제도와 제사 제도를 그리스도와 비

---

6) Beale, 『신약성경신학』, 883-84.

7) 세일해머(John H. Sailhamer)는 십일조(신 14장)를 다루는 본문을 이스라엘 백성에게 새 땅에서 사는 삶을 가르치는 문맥에서 다룹니다. John H. Sailhamer, 『'서술'로서의 모세오경(하)』, 김동진 역 (서울: 크리스챤서적, 2005), 416-61, 특히 424, 460. 그리고 대다수의 구약 학자들은 의식법을 다룰 때 십일조를 예물(offering)로 특징짓습니다. J. B. Payne, *The Theology of the Older Testament* (Grand Rapids: Zondervan, 1962), 372-94; J. Bright, *The Authority of the Old Testament* (Grand Rapids: Baker, 1975), 54. 참조. Gerhardus Vos, 『성경신학』, 원광연 옮김 (고양: 크리스챤다이제스트, 2005), 219-22.

교한 신약성경의 가르침에 비추어 살펴보면 쉽게 이해할 수 있습니다. 십일조를 제사 제도와 연결시켜 생각하는 것은 자연히 제사 제도를 다룬 본문을 탐구할 필요를 느끼게 합니다.

2. 율법에 대한 신약의 이해

율법에 대한 신약의 이해는 본서의 주제에 맞춰 제사 제도에 초점을 맞춰 설명하려고 합니다. 그런데 구약의 제사장 제도와 제사 제도를 그리스도와 비교한 본문을 살펴 제사 제도에서 십일조의 의미가 무엇인지를 이해하기 전에, 신약과 구약의 관계를 설명한 본문을 먼저 살펴보는 것이 본서에서 다룰 주제를 이해하는 데 도움이 될 것입니다.

앞에서 말씀드렸듯이, 저는 성경이 역사의 과정 속에 주어진 하나님의 자기 계시를 기록한 책이며, 그 계시는 점진적으로 이루어졌다고 믿습니다.[8] 역사가 진행될 때마다 하나님께서는 백성들에게 필요한 내용을 말씀하시거나 행동으로 보이셨습니다. 하나님의 말씀과 행동은 그분이 어떤 분인지, 그분의 뜻이 무엇인지를 알리는 계시였습니다. 인간 저자들은 그것을 성실히 기록했습니다. 인간 저자가 하나님의 계시를 문학적으로 또 다양한 역사적인 상황 속에서 제시함으로써 하나님의 계시는 다양하게 주어졌습니다. 그렇다고 성경에 이질적인 것이 들어 있거나 서로 상충되는 내용이 포함되어 있지나 않을까 염려할 필요는 없습니다. 성경 계시는 다양성 속에 통일성이 있으며, 또한 통일성 속에 다양성이

8) 이 문제를 탁월하게 제시한 보스의 글을 보십시오. Vos, 『성경신학』, 13. 최근에 이 문제를 염두에 두면서 성경신학의 문제를 설명한 골즈워디의 논의도 도움이 될 것입니다. Graeme Goldsworthy, 『그리스도 중심 성경신학』, 윤석인 옮김 (서울: 부흥과개혁사, 2013), 42-48.

있기 때문입니다.[9]

초대교회 교부들이 말했듯이, 신약에 충만히 드러난 계시는 구약성경에 암시되어 있던 것이고, 구약에 감춰진 계시는 신약에서 분명하게 밝혀집니다. 성경은 이처럼 희미한 계시에서 분명한 계시로 나아가는 계시의 역사입니다. 그러다 보니, 계시는 당연히 덜 분명한 상황에서 좀 더 분명한 과정으로 나아가고, 초보적인 단계에서 시행되던 제도에서 성숙한 단계에 시행되는 제도로 변경되는 등 이런 점진적인 과정을 거쳐 모든 계시의 완성이며 절정인 목표를 향하여 나가는 것입니다.

계시의 완성과 목표는 그리스도이십니다. 그리스도 안에서 하나님의 모든 계시는 성취되고 절정에 이릅니다. 그리스도는 구원 역사의 중심이십니다. 웨스트민스터 신앙고백(19장 3항)에 천명되었듯이, 그리스도가 오시기 이전에 미숙한 교회에게 주어진 계시에는 그리스도를 예표하는 여러 규례가 포함되어 있습니다. 그 시기의 모든 계시는 그리스도가 오신 이후라야 그 의미가 확연히 드러나며(고후 1:20; 갈 1:1-11), 그리스도가 오신 이후에는 그분을 예표하던 것이 사라지거나 심지어 더 이상 필요 없게 되기도 합니다. 이 문제를 다룬 히브리서를 살펴보겠습니다.

1) 최종적인 계시가 주어진 신약의 상황(히 1:1-2a)

히브리서 1:1-2a는 구약시대에 주어진 계시와 신약시대에 주어진 계시를 비교한 대표적인 본문입니다. 본문 내용은 이렇습니다.

1 옛적에 선지자들을 통하여 여러 부분과 여러 모양으로 우리 조상들에

---

9) 보스가 "성경신학"의 방법론과 그 특징을 논하면서 한 말처럼 말입니다. Vos, 『성경신학』, 11-31; G. Vos, 『구속사와 성경해석』, 이길호, 원광연 옮김 (고양: 크리스챤다이제스트, 1998), 9-35. 최근에 골즈워디는 계시의 점진성 및 통일성과 다양성 문제를 잘 설명했습니다. Goldsworthy, 『성경신학』, 43, 55-64.

게 말씀하신 하나님이
2 이 모든 날 마지막에는 아들을 통하여 우리에게 말씀하셨으니

두 절은 서로 대조 형식으로 이루어졌습니다. 아래 비교한 내용을 주의 깊게 보십시오.

비교내용	히브리서 1:1	히브리서 1:2a
계시하신 분	하나님	하나님
계시의 내용	말씀하신	말씀하셨다
계시가 주어진 시대	옛적에	이 모든 날 마지막에
계시의 수단	선지자들을 통하여	아들을 통하여
계시의 분량	여러 부분과 여러 모양	내용 없음
계시의 대상	우리 조상들에게	우리에게

옛적에 "말씀하신 하나님"(히 1:1)이라는 대선언과 이 모든 날 마지막에 "(하나님이) 말씀하셨다"(1:2a)는 대선언은 두 시대에 주어진 계시의 통일성을 설명합니다. 각각의 시대에 "하나님"이 계시하셨다는 것과 그분이 계시로서 "말씀하셨다"는 것이 두 시대의 공통점입니다.

하지만 앞에 제시된 도표에 나타나 있다시피, 구약시대("옛적에")와 신약시대("이 모든 날 마지막에")에 주어진 계시의 성격은 각각 다릅니다. 두 시대에 주어진 계시의 차이는 시간적으로 "옛 시대"와 "이 모든 날(들 중에) 마지막에"와 인간들(선지자들)을 통하여 말씀한 것과 하나님의 아들을 통하여 말씀하셨다는 계시의 수단의 차이에 있습니다. 또 이전 시대에는 계시가 계속 주어지던 상황이라서 계시는 여러 모양과 여러 부분으로 주어졌습니다. 오랜 시간 동안 여러 형태로 말입니다. 이것은 계시의 부분성을 강조합니다. 반면에, 신약시대에 아들을 통하여 주신 계시는, 본문에는 기록되어 있지 않지만, 분명히 "최종적으로" 또는 "완성의 형태로" 주어졌습니다. 여기서 강조는 신약교회의 성도가 계시의

최종성을 경험하고 있다는 사실에 있습니다. 휴스(P. E. Hughes)는 이 구절의 의미를 정확히 간파하고 다음과 같이 설명합니다.

> *하나님께서 그분의 아들 예수 그리스도 안에서 하신 계시의 독특성과 최종성은 옛 질서를 성취할 뿐만 아니라 옛 질서에서 수행되던 것과 대조되는 것이기도 하다. 이런 의미에서 그리스도는 탁월한 선지자이시다. 그분이 오심으로써 과거의 모든 예언과 약속들은 절정에 도달했다(고후 1:20). …… 그래서, 구약 계시는 부분적이고 불완전하고 여러 가지 다양한 방법으로 나타난 반면에, 그리스도는 하나님의 말씀의 최종자이시며 완성자라는 점에서 구약 계시와 대조된다.*[10]

휴스의 설명에서 우리는 구약 계시가 부분적이고 불완전한 방법으로 제시된 반면에, 그리스도 안에서 이전 계시가 온전하게 되었다고, 두 시대 사이에 계시의 점진성을 암시하는 내용을 봅니다.

다시 이번에는 "(계시의) 점진성"에 대해 알아봅시다. 브루스(F. F. Bruce)는 계시의 점진성에 대해서 이런 말을 한 적이 있습니다.

> *(하나님의 계시의) 점진성은 약속에서 성취로 이어진다. …… 그리스도 이전 시대에 계시로서 주어진 일련의 모든 행위들과 다양한 모양들은 하나님의 말씀의 충만함에 이르지 못했다. 그분의 말씀은 그리스도께서 오셔야만 비로소 완전히 이뤄진다. 그리스도 안에서 하나님의 모든 약속들은 "예"가 되며, 이로써 하나님의 백성들에게 충만함을 보증한다. 하나님의 계시와 관련한 이야기는 그리스도에게 이르는 점진적인 이야기이지만, 그리스도*

---

10) P. E. Hughes, *A Commentary on the Epistle to the Hebrews* (Grand Rapids: Eerdmans, 1977), 36–38. 본문에서 옛 계시인 구약과 그리스도 안에서 새로이 드러난 신약 계시 간의 연속성과 불연속성을 볼 수 있습니다. 레인은 선지자들의 사역이 구속사에서 준비의 단계였다고 힘주어 말하고 있습니다. W. Lane, *Hebrews 1–8*, WBC (Waco: Word Books, 1991), 11. 또한 Paul Ellingworth, Commentary on Hebrews, NIGTC (Grand Rapids: Eerdmans, 1993), 91.

를 넘어서는 (계시가) 더 이상 진전되지 아니 한다.[11]

이 설명에서 우리는 성경 저자들이 성경 전체의 계시가 그리스도에게 이르기 전에는 불완전하게 주어졌다는 것과 이전에 주어졌던 계시의 의미는 그리스도 안에서라야 충만히 드러난다고 이해했음을 알 수 있습니다. 그리스도는 하나님의 모든 계시의 성취자이십니다.

우리가 히브리서에서 고찰해 볼 중요한 내용은 혹시 이러한 점진성이 구체적으로 십일조를 비롯한 의식법에도 나타나는지, 아니면 그렇지 않는지의 문제입니다. 비록 히브리서에서 저자가 십일조 제도를 논의의 대상으로 삼지는 않았지만, 그것이 제사장 또는 레위인에게 바쳐진 예물이고(참조. 히 7:4-6, 9) 제사장이 섬기던 성막과 성전, 성소가 히브리서의 주제인 점을 고려하면, 히브리서의 의식법에는 십일조를 비롯한 구약의 모든 예물과 제사와 제물이 포함된다고 충분히 결론내릴 수 있습니다. 구속사의 점진성에 대한 이러한 이해는 구약의 의식법과 예수 그리스도의 관계를 설명한 히브리서 7-10장에서 다뤄지고 있습니다.

2) 옛 언약과 새 언약의 대조(히 7-10장)

히브리서 7-10장에 따르면, 의식법과 관련하여 히브리서는 구약시대에 통용되던 것이 온전하지 못한 것이며, 일정한 기간 있다가 없어질 한시성을 지닌 것이라고 단정합니다. 히브리서 저자는 성전, 제사장, 제사, 제물, 예물 등을 묶어, 이런 것들이 온전한 (대)제사장이신 그리스도가 온 이후에는 신약 교회가 더 이상 의지해서는 안 될 것이라고 밝히 가르칩니다. 예수님이 새 언약의 중보자이시기 때문입니다(히 9:15).

---

11) F. F. Bruce, *The Epistle to the Hebrews*, NIC (Grand Rapids: Eerdmans, 1964), 2-3.

히브리서 저자가 이 문제와 관련하여 율법의 규정과 새 언약의 규정에 대하여 언급하고 있는 본문 몇 구절을 예로 들어 설명하겠습니다.

(1) 반드시 바꾸어질 율법(히 7:11, 12)

11 레위 계통의 제사 직분으로 말미암아 온전함을 얻을 수 있었으면 (백성이 그 아래에서 율법을 받았으니) 어찌하여 아론의 반차를 따르지 않고 멜기세덱의 반차를 따르는 다른 한 제사장을 세울 필요가 있느냐

12 제사 직분이 바꾸어졌은즉 율법도 반드시 바꾸어지리니
(히 7:11, 12).

이 본문은 구약의 제사 직분이 사람을 온전하게 하지 못한다는 의식법의 약점과 한계를 언급합니다. 그러한 까닭에 그리스도가 오셔서 온전하게 해야 할 필요가 있다는 겁니다. 계속해서 본문은 레위 지파가 주도하던 구약의 제사 직분과 이를 의지하여 하나님을 섬기던 모든 제도는 그리스도가 오셨으니 이제 반드시 바뀌져야 한다고 선언합니다. "율법도 반드시 바꾸어지리라"는 선언은 신약시대에 이미 그 변환이 이루어졌고 초대교회에서 시행되고 있었음을 암시합니다.

(2) 약점을 가진 제사장과 온전하게 되신 제사장(히 7:27, 28)

27 그는 저 대제사장들이 먼저 자기 죄를 위하고 다음에 백성의 죄를 위하여 날마다 제사 드리는 것과 같이 할 필요가 없으니 이는 그가 단번에 자기를 드려 이루셨음이라

28 율법은 약점을 가진 사람들을 제사장으로 세웠거니와 율법 후에 하신 맹세의 말씀은 영원히 온전하게 되신 아들을 세우셨느니라
(히 7:27, 28).

본문은 율법에 있는 제사 제도로는 아무도 온전케 할 수 없어서 "영원히 온전하게 되신 아들"이 오셔서 단번에 온전케 하셨다고 가르칩니다. 율법 시대에 제사 제도에 연루된 사람들은 다 약점이 있었습니다. 그렇다면 그 사람들을 둘러싼 모든 것들(성막, 제사, 예물 등)도 약점이 있었을 것이라고 충분히 추론할 수 있습니다. 그리고 실제로 그러합니다(히 9:9, 11, 24; 10:1–4, 11).

반면에 예수 그리스도는 온전하게 되신 하나님의 아들이십니다. 그분은 하나님께 나가는 완전한 방법을 마련하셨습니다. 여기서 "율법 후에 하신 맹세의 말씀"이라는 어구는 그리스도가 오신 이후의 상황이 율법이 주어지고 통용되던 상황과 다르다는 것을 일러줍니다.

(3) 낡아지고 쇠하는 옛 언약(히 8:13)

13 새 언약이라 말씀하셨으매 첫 것은 낡아지게 하신 것이니 낡아지고 쇠하는 것은 없어져 가는 것이니라(히 8:13).

이 본문은 히브리서 저자가 새 언약을 예언한 예레미야서 본문(렘 31:31–34)을 인용한 후(히 8:8–12), 그 본문을 해석하면서 예레미야서 본문의 의미를 한 마디로 요약한 내용입니다. 하나님은 율법이 통용되던 구약시대 마지막(바벨론 포로기 직전)에 새 언약을 세우겠다고 약속하셨습니다.

새 언약이 그리스도의 죽으심으로 체결되고 시행되기 시작한 것을 두고, 히브리서 저자는 옛 언약이 원래부터 낡아지고 쇠하는 것이었다고 평가합니다. 본문 이외에 히브리서에 율법의 특성을 좀 더 단정적으로 언급한 구절이 있습니다. "전에 있던 계명은 연약하고 무익하므로 폐하고"(히 7:18)라는 구절이 그것입니다.

하나님은 친히 옛 언약의 규율(율법의 의식법과 시민법)을 잠정적인 것으로 만드셨고, 언젠가 폐할 것이고 나중에 영원한 새 언약으로 대체

될 것을 계획하셨습니다. 물론 여기서 말하는 옛 언약은 이스라엘 백성이 시내 산에서 하나님과 맺은 모세 언약을 가리킵니다. 바로 구약의 예배를 규정했던 제사장, 성막, 제물, 예물 등 율법과 관련된 내용들 말입니다. 구약시대에 이스라엘 백성들은 이 한시적인 특성을 지니는 옛 언약에 따라 하나님을 섬겼습니다.

그런데 옛 언약은 그리스도의 오심과 함께 새 언약으로 대체되었습니다. 제사 제도를 비롯한 의식법과 관련하여 히브리서 저자의 입장은 분명합니다. 옛 언약은 율법이 장차 오는 좋은 것의 그림자에 불과하고 실체가 아니기 때문에 그 효력을 상실하였다고 말입니다(히 10:1). 반면에 새 언약은 그리스도로 말미암아 시작되었으며(9:15-17. 참조. 7:22, 27; 10:9, 10, 12) 옛 언약을 대체하였습니다.

(4) 육체의 예법의 때와 개혁의 때(히 9:9-12)

9 이 장막은 현재까지의 비유니 이에 따라 드리는 예물과 제사는 섬기는 자를 그 양심상 온전하게 할 수 없나니
10 이런 것은 먹고 마시는 것과 여러 가지 씻는 것과 함께 육체의 예법일 뿐이며 개혁할 때까지 맡겨 둔 것이니라
11 그리스도께서는 장래 좋은 일의 대제사장으로 오사 손으로 짓지 아니한 것 곧 이 창조에 속하지 아니한 더 크고 온전한 장막으로 말미암아
12 염소와 송아지의 피로 하지 아니하고 오직 자기의 피로 영원한 속죄를 이루사 단번에 성소에 들어가셨느니라(히 9:9-12).

비교적 긴 내용을 담고 있는 이 본문에서 히브리서 저자는 첫 언약에서 섬기던 예법, 성소, 장막, 제사장, 예물 등의 특성을 언급합니다(히 9:1, 3, 9). 옛 언약에 속한 예법들은 육체, 즉 옛 시대에 속한 예법이며(9:10), 메시아(그리스도)가 오셔서 개혁할 때까지만 사용되던 한시적인 법이라고 말입니다. 그러면서 저자는 그리스도가 오심으로 모든 것이 변

했다고 선언합니다. 옛 시대 사람들이 기대했던 "장래 좋은 일"은 이미 도래했습니다. 그리스도가 오셨기 때문입니다. 그리스도는 제사장으로 오셔서 손으로 짓지 아니한 장막에서 제사장 사역을 수행하셨습니다.

그 장막은 이 창조에 속하지 아니한 장막입니다. 히브리서에는 이것이 "하늘에 있는" 장막이라고 설명되었습니다(히 8:5; 9:23). 이 내용은 앞에서 인용한 8:13("새 언약이라 말씀하셨으매 첫 것은 낡아지게 하신 것이니 낡아지고 쇠하는 것은 없어져 가는 것이니라")을 구체적으로 의식법에 적용하여 설명한 것입니다. 신약의 성도들은 개혁의 때에 살고 있으며, "하늘에 있는" 장막에서 사역하신 그리스도의 영향을 받는 사람들입니다.

(5) 율법을 폐하고 하나님의 뜻을 이루심(히 10:8-10)

히브리서 저자는 "율법은 장차 올 좋은 일의 그림자일 뿐이요 참 형상이 아니므로 해마다 늘 드리는 같은 제사로는 나아오는 자들을 언제나 온전하게 할 수 없"다고 단정합니다(히 10:1). 이것만큼 율법의 약점과 부족함을 강하고 분명하게 천명하는 본문은 없을 것입니다. 이 말씀대로라면, 옛 언약 하에서 살던 하나님의 백성은 실체가 아직 오지 않은 상황에 있었으며, 장차 올 좋은 것들의 그림자인 상징적인 예언, 모형, 의식을 통해서만 그리스도를 알았습니다. 그러므로 그 당시 시행하던 제사제도는 온전한 것이 아니었습니다. 본문에서 저자가 "언제나 온전하게 할 수 없느니라"라고 강하게 단언하는 것을 주목하시기 바랍니다.

그러나 그리스도가 오신 이후 상황은 급격히 변했습니다. 옛 언약 하에 있던 성도들이 바라던, 완성의 때에 체결될 새 언약이 계시되었고 시행되고 있기 때문입니다(히 10:15-18). 제사와 관련하여 새 언약이 가져온 변화는 이것입니다. 그리스도께서 "거룩하게 된 자들을 한 번의 제사로 영원히 온전하게 하셨느니라"(10:14). 그리고 연약하고 부분적인 옛 언약 하에서는 드리는 일을 계속하던 예식(10:1, 11)이 이제는 완성되었으므로, "죄를 위하여 (더 이상) 제사 드릴 것이" 없어졌습니다(10:18).

이러한 논의를 하는 중에 히브리서 저자는 온전한 예물 드림이 언제 누구에 의해 이루어졌는지를 설명합니다. 히브리서 10:8-10이 이 주제를 분명하게 보여줍니다.

8 위에 말씀하시기를 주께서는 제사와 예물과 번제와 속죄제는 원하지도 아니하고 기뻐하지도 아니하신다 하셨고 (이는 다 율법을 따라 드리는 것이라)
9 그 후에 말씀하시기를 보시옵소서 내가 하나님의 뜻을 행하러 왔나이다 하셨으니 그 첫째 것을 폐하심은 둘째 것을 세우려 하심이라
10 이 뜻을 따라 예수 그리스도의 몸을 단번에 드리심으로 말미암아 우리가 거룩함을 얻었노라(히 10:8-10).

예물을 드려 하나님께 헌신하는 것과 관련하여, 저자는 그리스도가 구약의 모든 제사 예물을 완성하기 위하여 자기 몸을 드리셨다고 선언합니다. 구약시대에 제사나 예물 등 부분적으로 그림자와 예표로 제시되었던 헌신의 행위가 그리스도가 자신의 몸을 온전히 드림으로 완성되었습니다. 그 결과 그분을 믿는 사람들은 거룩해졌습니다.

여기서 파격적인 선언은 첫째 것을 폐하고 둘째 것을 세운다는 내용입니다. 문맥의 흐름으로 보아 우리는 첫째 것이 (의식법으로 대표되는) 율법을 가리키고(히 10:5, 6), 둘째 것이 그리스도께서 이루신 하나님의 뜻이라는 것을 알 수 있습니다(10:7, 10). 그래서 신약의 교회는 더 이상 구약시대에 행하던 의식법을 행할 필요가 없게 되었습니다. 그리스도가 "한 영원한 제사를 드리고" 그분의 사역을 끝내셨다는 의미로 "하나님 우편에 앉아" 계시기 때문입니다(10:12).

본문은 시편 40:6-8을 인용한 것입니다. 시편 40:6-8에 따르면, 이미 구약시대에도 하나님은 예물이나 제사 그 자체보다는 그분의 백성이

전 인격을 드리기를 요구하셨습니다. 하지만 구약 시대에는 본문의 내용을 성취할 사람이 없었습니다. 이제 그리스도가 본문이 요구하는 것을 이루셨습니다. 그래서 그분과 연합된 우리는 그리스도를 의지하여 이미 거룩해졌으며, 하나님께 우리 자신을 드릴 수 있게 되었습니다(히 10:10, 19-22).

본문에 따르면, 구약시대에 예물 드림은 예물을 드리는 사람이 자신을 하나님께 드리는 헌신의 표였습니다. 그러나 구약의 제도 하에서는 아무도 하나님의 뜻을 온전히 이루지 못했습니다. 물론 이것은 오늘날에도 마찬가지입니다. 그리스도께서 자신을 온전히 드림으로 하나님의 뜻을 이루지 않으셨다면 말입니다. 그러나 우리가 우려하는 것과 다르게, 그리스도는 세상에 오셔서 자신을 드림으로 하나님의 뜻을 온전히 이루셨습니다. 그리고 그분은 "거룩하게 된 자들을 한 번의 제사로 영원히 온전하게 하셨"습니다(히 10:14). 신약의 성도들이 바로 그러한 은혜를 입은 사람들입니다.

우리가 살펴본 히브리서 본문에 따르면, 이제 우리는 옛 언약 하에서 부분적인 방식대로 하나님을 섬기지 않는다는 것이 분명합니다. 옛 언약에 속하여 그림자 시대에 살던 사람들에게 하나님을 예배하고 하나님께 나아가고 하나님께 자신을 드리던 것들이 그들의 삶에서 본질적인 비중을 차지했을지 모르지만, 이제 신약 교회에 들어온 사람들에게는 불필요한 것이 되었습니다. 우리에게는 온전하신 대제사장(그리스도)이 계시고, 그분이 우리의 죄를 사하셨으며 하나님께 헌신하는 몸을 드리심으로써 우리는 온전해졌습니다. 그래서 우리는 옛 시대의 사람들과 동일한 방식으로 하나님을 섬기거나 하나님께 드리는 것이 아니라 그리스도를 의지하여 하나님을 섬기고 그분께 드립니다.

옛 언약에 속한 의식법이 그리스도로 말미암아 분명히 폐지되었다면, 다른 예배 의식과 마찬가지로 십일조가 옛 시대의 의식법에 속한 것일 경우, 십일조 제도 자체도 새 언약에서는 폐지되었다고 보아야 합니다(참조. 행 15:5, 10). 브라이트(John Bright)가 올바르게 지적하였듯이, 의식법이 그리스도의 오심으로 다 폐지되었다고 믿으면서도 유독 십일조만 존속한다고 우기고 여전히 신약 교회를 구속하는 원리로 받아들이려는 것은 이해할 수 없습니다.[12] 옛 언약 하의 예배 방법과 새 언약 하의 예배 방법의 관계를 이해하는 데 일관성이 없기 때문입니다.

그렇다면 헌상과 십일조의 의미는 성경 계시의 점진성에 비춰볼 때에라야 분명하게 이해될 것입니다. 정말로 성경 계시는 점진적으로 이루어졌으며, 구약과 신약 사이에 연속성과 불연속성이 동시에 존재할까요? 이제 이 문제를 설명하겠습니다.

3. 구원 역사에서 율법의 연속성과 불연속성

구원 역사의 절정이며 완성이신 예수 그리스도께서 세상에 오심으로써 구약시대와 신약시대 간에 거대한 불연속성이 드러났습니다. 미크(James Meek)는 신학석사 학위 논문에서 구원 역사에서 모형과 대형의 관계를 바르게 설명했습니다. 그는 먼저 전(全) 구원 역사에는 하나님의 일관성 있는 목적과 진리의 통일성이 나타난다는 것을 주시하면서 동시에 모형론에 나타난 하나님의 계획의 통일성에 대해 다음과 같이 언급했습니다.

(구속사에서 하나님의 사역의 패턴들 사이에 존재하는) 이러한 유사성들이 장차 올 것을 분명하게 예언하지는 않지만, 분명한 것은 이것이다. 과거의 것들에 나타난 패턴이 장래의 것에서 성취가 되었다는 사실 말이다. 구속

---

12) Bright, *The Authority*, 54.

사에서 하나님의 목적은 시대마다 그 시대에 속하는 것으로 일단락되고, 그 다음 시대는 이전에 주어진 것보다 한 걸음 더 발전한다.[13)]

미크의 글에서 우리가 교훈을 삼을 수 있는 내용은 이것입니다. 구속사에서 그리스도가 오시기 이전 시대에 통용되던 것들은 그 계시가 주어진 시대에 한정된다는 것입니다. 그리스도가 오신 이후에는 이전 것보다 더 발전된 계시가 작용하고 이전 계시는 더 이상 작용하지 않게 된다는 것입니다. 이것은 이전에 주어진 계시는 이후에 주어질 계시에 비추어 이해해야 한다는 의미입니다. 특히 구약시대에 시행되던 의식법과 시민법은 반드시 그리스도가 오신 이후 상황에 비추어 어떻게 성취되었고, 해석되었고, 변혁되었는지를 고려해야 합니다.

이러한 이해를 우리가 다루는 헌상 주제에 적용해 봅시다. 앞에서 확인한 히브리서의 교훈과 계시의 점진성에 비춰볼 때, 구약시대의 의식법은 그것이 시행되던 그 시대에서만 사용되고, 옛 언약이 존속하는 동안만 잠정적으로 존재하는 법입니다. 의식법이 옛 언약에 속한 이상, 의식법 그것 자체에는 모든 면에서 완전케 할 수 있는 능력이 없습니다. 율법은 장차 올 좋은 일의 그림자일 뿐이요 참 형상이 아니기 때문입니다(히 10:1). 그럼에도 구약시대에는 이 율법을 의존할 수밖에 없었습니다. 그 제도가 그들이 의존할 유일한 것이고, 그것을 대체할 만한 온전한 것이 아직 나타나지 않았기 때문입니다.

이러한 상황에서 성령께서는 친히 의식법이 예표하던 실체가 올 것을 증언하셨습니다. "또한 성령이 우리에게 증언하시되, 주께서 이르시되 그 날 후로는 그들과 맺을 언약이 이것이라 하시고 내 법을 그들의 마음

---

13) James Meek, "Toward A Biblical Typology" (Th. M. Thesis in Westminster Theological Seminary, 1981), 124.

에 두고 그들의 생각에 기록하리라"(히 10:15, 16). 히브리서 저자가 이해한 바로는, 예레미야 31:31–34의 새 언약에 관한 약속은 새 시대에 성취될 성령님의 계획에 속합니다. 옛 언약은 특성상 무익하고 연약합니다. 또 옛 언약으로는 섬기는 자가 그 양심상 온전케 될 수가 없습니다(히 9:9). 이러한 까닭에 때문에 성령께서 더 좋은 언약을 주셔서 이 부족한 모든 것을 극복하고 온전하게 하시겠다는 것입니다. 온전하게 하는 이 계획을 성취하신 분은 그리스도이십니다. 그리스도께서는 이전의 모든 의식법의 부족한 것을 완전케 하고, 잠정적인 것을 영원한 것으로 바꾸기 위해 자신을 온전한 제물로 드리셨습니다(10:16, 17).

히브리서의 교훈은 분명합니다. 첫 (의식)법은 낡아지는 것이요 없어질 것이며(히 8:7, 13), 약하고 무용한 것이기 때문에(7:18) 새로운 질서가 오기 전까지만 적용되던 법이라고 말입니다. "이런 것은 먹고 마시는 것과 여러 가지 씻는 것과 함께 육체의 예법일 뿐이며 개혁할 때까지 맡겨 둔 것이니라"(9:10). 이제 그리스도의 오심으로 말미암아 외적인 규정은 더 이상 소용이 없게 되었고 폐하여졌습니다(7:18; 10:5–7). 그리스도의 완전한 희생 제물과 두 번째 언약이 옛 것을 대신했습니다(10:9). 그리스도께서는 의식법과 관련한 이전의 모든 질서를 끝내셨습니다. 그분은 구약의 성도들이 기대했던 장차 올 것을 이루셨습니다. 그리스도로 말미암아 외적인(또는 형식적인) 율법들은 내적인 율법으로 바뀌었습니다(8:10; 10:16; 렘 31:33, 34). 히브리서 9:11, 12에 선언된 것과 같이, 여기에 구원 역사에 있어 엄청난 불연속성이 존재합니다.

> 그리스도께서는 장래 좋은 일의 대제사장으로 오사 손으로 짓지 아니한 것 곧 이 창조에 속하지 아니한 더 크고 온전한 장막으로 말미암아 염소와 송아지의 피로 하지 아니하고 오직 자기의 피로 영원한 속죄를 이루사 단번에 성소에 들어가셨느니라(히 9:11, 12).

바울도 구약의 계시와 신약의 계시가 시간적으로 연결되어 있어서 서로 간에 어느 정도 연속성이 존재한다는 것을 인정했지만, 각각의 계시가 지니는 특성 때문에 분명한 불연속성도 존재함을 인식했습니다. 실제로 바울이 편지를 보낸 교회가 직면한 대부분의 문제는 하나님의 구원 경륜이 구약시대와 신약시대가 다르게 집행되고 있다는 것을 충분히 인식하지 못한 것에서 기인한 것들이 대부분이었습니다. 유대인 출신의 그리스도인들은 자신들이 조상 때부터 간직했던 의식법을 중요하게 여기고 이방인 출신의 그리스도인들에게 자기들처럼 행하라고 강요하였습니다. 이방인들은 상대적으로 신약의 변화된 상황을 가르치는 바울의 교훈을 잘 이해했고 잘 받아들였습니다.

이 문제를 다룬 대표적인 본문을 소개하겠습니다. 바울은 갈라디아 교회와 골로새 교회에서 의식법(할례, 음식물, 절기 등)을 지키는 사람들을 "초등학문"을 좇는다고 호되게 꾸짖었습니다. 더군다나 바울은 초등학문을 "약하고 천박한 초등학문"이라고 평가합니다(갈 4:9). 바울이 화가 났던 것은 이것입니다. 갈라디아 교인들이 "다시" 약하고 천박한 초등학문으로 "돌아가서 다시 그(것)들에게 종 노릇 하려" 한다는 사실입니다(4:9).

바울도 역사상 초등학문을 받들어 지켰던 때가 있었음을 인정합니다. "이와 같이 우리도 어렸을 때에 이 세상의 초등학문 아래에 있어서 종 노릇 하였더니"(갈 4:3). 그리스도가 오시기 이전 상황이 바로 이 세상의 초등학문 아래에 있던 때였습니다. 그 때에 사람들은 율법 이라는 후견인 아래 있으면서 율법의 지시를 받았습니다(4:1-2). 믿음이 오기 전에 (의식법과 같은) 율법 아래 있던 것을 그렇게 표현한 것입니다(3:23). 그러나 그리스도가 오신 이후에는 상황이 달라졌습니다. 사람들은 더 이상 율법 아래 있지 않고 믿음 아래 있으며(3:24-25), 더 이상 (율법의) 종이 아니라 (율법 규율에서) 자유로운 아들이 되었습니다(3:26, 29; 4:5).

갈라디아에서는 "초등학문"이 구체적으로 "날과 달과 절기와 해" 등 유대력을 지키는 것으로 명명되었지만, 골로새서에서는 이에 더하여 대표적인 의식법인 정결예법과 음식물 규정도 포함하고 있습니다(골 2:16, 21. 참조. 히 9:10). 바울은 이런 의식법을 주장하거나 지키는 사람들을 비난합니다. "너희가 세상의 초등학문에서 그리스도와 함께 죽었거든 어찌하여 세상에 사는 것과 같이 규례에 순종하느냐?"라고 말입니다(골 2:20). 신약시대의 신자들이 이런 것들 지켜서는 안 되는 이유는 분명합니다. 초등학문은 장래 일(신약시대에 나타날 것들)의 그림자에 불과하기 때문입니다(2:17). 교회가 초등학문에 집착하는 한 그리스도를 따르지 않는 것입니다(2:8). 초등학문과 그리스도는 둘 중에 하나를 선택해야만 하는 문제입니다.

옛 언약에 속한 제도와 행위들은 믿음, 즉 그리스도 오시기 전까지만 통용되던 것들입니다. 그나마 그런 계명이 요구되던 구약시대의 상황도 하나님의 백성이 (그 율법에) "갇혀 있다," (율법) "아래 있다," (율법에) "종노릇 한다"라고 부정적으로 표현합니다(갈 3:23, 25; 4:3). 이 중에는 명백하게 지키지 말아야 한다고 언급한 것도 있고(예컨대, 할례나 음식물 규정, 정결례 등), 암시적으로 폐지되어 다른 것으로 전환된 것이 있습니다(예컨대, 안식일이 주일로 바뀐 경우). 요즘, 우리가 예루살렘에 가서 제사하지 않고, 예배 중에 짐승을 제물로 드리지 않으며, 희년을 지키지 않고, 토요일을 안식일로 지키지 않으며, 성전세를 내지 않는 것은 이러한 까닭에서입니다.

4. 의식법에 대한 신약시대의 관점 이해하기

지금까지 살펴본 교훈을 근거로, 이제 구약성경에 언급된 율법의 내용을 어떻게 이해해야 하는지, 그 율법이 신약시대에도 그대로 지켜야 하는지에 대해 우리가 관찰하고 논의한 것을 정리해 보겠습니다. 제가 이 책에서 신구약 성경을 계시 역사적 관점에서 설명한 것이 옳다면, 율법에 대한 우리의 태도는 웨스트민스터 신앙고백에 천명된 대로 도덕법과 의식법과 시민법으로 나눠서 이해하는 것이 바릅니다. (하나님 사랑과 이웃 사랑을 요구하는) 도덕법은 영속적인 법으로서 우리가 여전히 지킬 의무가 있는 하나님의 법인 반면에, (제사 제도와 관련한) 의식법과 (가나안 땅에서 이스라엘 백성의 삶을 규정한) 시민법은 가나안 땅에 살던 이스라엘 백성들에게만 한정한 법입니다.

구약성경은 계시의 중심이며 목표이신 그리스도를 중심으로 해석해야 충분하고 바르게 이해됩니다. 구약성경은 예수 그리스도에 대하여 기록한 책입니다(눅 24:27, 44; 요 5:39). 하나님의 모든 약속은 얼마가 되었든지 그리스도 안에서 성취되었습니다(고후 1:19, 20). "예수 그리스도가 구약의 모든 약속을 성취했다"는 명제는 구약시대에 그림자로 주어지고 예표로 주어졌던 것이 실체이며 원형이신 그리스도 안에서 그 의미가 완전히 이루어졌다는 말입니다. 실체가 왔으니 그림자는 실체에 비추어 재해석하거나 사라지게 해야 합니다. 참 빛이 왔으므로 더 이상 그림자에 머물러 있어서는 안 됩니다.

한 가지 더 고려할 것이 있습니다. 그것은 구약성경에 있는 여러 제도나 의식들이 그리스도가 오시기 전까지만 활용되고 의미를 지녔다는 이해입니다. 구약의 어떤 제도나 의식은 그리스도를 가리키기 위한 모형론적인 역할을 합니다. 그래서 구약의 모형을 해석하려면, 그 모형(type)에 짝을 이루며 완성을 보일 신약의 대형(antitype)과 관련해서 이해해야 합니다. 모형과 대형의 관계는 성경의 흐름을 구원 역사로, 성경의 앞뒤 진행을 계시 역사로 이해할 때 가장 잘 드러납니다.

이미 오래 전에 보스가 이 점에 대해 다음과 같이 핵심을 지적했습니다. "상징되는 사물들이나 (모형에 의해) 예표 되는 사물들은 서로 다른 사물들이 아니다. 그것들은 사실상 동일하다. 다만 그것들이 구원 역사의 발전 단계 가운데 낮은 단계에서 먼저 나타나고, 그 다음에 후대에 더 높은 단계에서 다시 나타난다는 점에서만 다르다."[14] 하지만 이전에 주신 계시의 의미, 특히 모형론적인 의의는 그리스도가 오신 이후에 훨씬 더 분명하게 나타납니다. 이전 계시가 그림자이기 때문에, 실체이신 그리스도가 오신 이후에는 이전 계시의 본질은 동일하다 하더라도 외형은 사라집니다.

그러므로 모형이나 이전 시대에 속한 계시만을 가지고는 어떤 교리나 그리스도인의 삶의 원리를 세울 수 없다는 것을 유념해야 합니다. 말하자면, 그리스도 오시기 이전에 주어진 계시의 말씀을 가지고 영원한 원칙을 도출할 때 조심해야 한다는 말입니다. 모형이 미래에 대해 불확실한 지침인 것처럼, 그것은 교리나 어떤 원칙을 세우는 데에도 불확실한 지침서입니다. 모형은 반드시 원형(또는 대형)에 비추어 해석해야 하고 그 의미를 규정해야 합니다. 좀 더 쉽게 설명하자면, 구약성경은 더 분명한 신약성경의 가르침과 예수 그리스도가 이루신 계시의 완성에 비추어 해석해야 합니다.

우리가 고찰한 율법에 관한 이해를 십일조 제도에 적용할 수 있을까요? 방금 전에 제시한 원칙을 근거로 저는 다음 장에서 십일조 본문을 주해하면서 제가 설명한 것이 정당한지 증명할 것입니다.

14) Vos, 『성경신학』, 203. 또한 그의 책 The Teaching of the Epistle to the Hebrews (Grand Rapids: Eerdmans, 1956), 62, 63, 65, 68-87; E. P. Clowney, 『설교와 성경신학』, 류근상 옮김 (고양: 크리스챤출판사, 2003), 97-109, 특히, 108.

제 2장

십일조, 헌상의 표준인가?

제 2장
십일조, 헌상의 표준인가?

이 장에서는 구약성경과 유대문헌, 그리고 신약성경에서 십일조가 언급된 본문을 중심으로 십일조의 의미를 살펴보겠습니다. 십일조는 헌상의 표준일까요? 성경 역사를 통해 십일조는 어떤 목적으로 거뒀고, 어디에 사용되었는지, 또 십일조 제도를 통하여 의도한 목적이 무엇인지를 설명하겠습니다.

1. 율법 이전에 명기된 예

1) 높은 분임을 인정하는 표(창 14:18-20)

18 살렘 왕 멜기세덱이 떡과 포도주를 가지고 나왔으니 그는 지극히 높으신 하나님의 제사장이었더라
19 그가 아브람에게 축복하여 이르되 천지의 주재이시요 지극히 높으신 하나님이여 아브람에게 복을 주옵소서
20 너희 대적을 네 손에 붙이신 지극히 높으신 하나님을 찬송할지로다 하매 아브람이 그 얻은 것에서 십분의 일을 멜기세덱에게 주었더라 (창 14:18-20).

창세기 14:18-20은 성경에서 "십일조"가 처음으로 언급된 본문입니다. 멜기세덱이 아브라함을 맞이하면서 아브라함을 위하여 복을 빌고 하나님을 찬송하자, 아브라함이 멜기세덱에게 "자기가 얻은 것에서 십분의 일"을 주었다는 것이 본문의 핵심 내용입니다.

많은 사람들이 이 본문을 우리가 얻은 것의 십분의 일을 내야 하는 예를 가르치는 첫 번째 본문이라고 생각합니다. 그러나 이들의 생각과 다르게, 이 본문에서 "얻은 것에서 십분의 일"을 주는 행위는 십일조 제도를 세우거나 아브라함이 보인 십일조 납부 모범을 제시하려고 언급된 것은 아닙니다. 그러면 본문에 십일조를 내라는 내용이 조금도 암시되지 않았다고 보아야 할까요? 본문에서 십일조 언급은 당대의 역사적인 상황을 알아야 그 의미를 잘 이해할 수 있습니다.

먼저 본문의 행위가 발생하기 이전의 상황을 간단히 소개하겠습니다. 아브라함은 자기 조카 롯이 주변의 여러 왕들(요즘 식으로 말하자면 부족장들 쯤 될 것입니다)에게 사로 잡혔다는 소식을 듣습니다. 그런 상황이 발생하게 된 사건의 전모는 이렇습니다. 엘람 왕 그돌라오멜을 비롯한 다섯 왕과 소돔 왕을 비롯한 네 왕이 각각 한 패가 되어 서로 전쟁을 벌였습니다. 전쟁이 발생한 곳은 지금의 사해 근처였는데, 그 전쟁에서 엘람 왕 쪽이 승리했습니다. 소돔과 고모라의 왕들은 도망가고 엘람 왕 쪽에 속해 있던 왕들은 소돔과 고모라의 모든 재물과 양식을 빼앗았습니다. 그 와중에 소돔에 살고 있던 롯이 포로가 되었던 것입니다(창 14:11, 12).

아브라함은 포로가 된 조카 롯을 구출하기 위해 가솔들 318명을 데리고 납치범들을 단까지 추격했습니다. 318명은 가솔들이지만 아브라함이 자신의 가족과 재산을 지키려고 훈련시킨 사람들입니다. 아브라함은 다메섹 근처에 있는 호바까지 쫓아가서 마침내 엘람 왕과 그 연합군을 격파했습니다. 아브라함은 롯을 되찾은 것은 물론이고 심지어 당시 빼앗겼던 (소돔과 고모라의 모든) 재물과 조카 롯의 재물과 또 부녀와 친척까지 되찾았습니다(창 14:16). 이렇게 대승을 거두고 돌아오는 길에 아브라함은 차례로 멜기세덱과 소돔 왕의 영접을 받았습니다.

나중에 영접을 받은 소돔 왕과 관련해서는 간단하게 설명하겠습니다. 앞에서 언급했듯이, 이번 전쟁은 어떤 면에서 소돔 왕도 연루된 전쟁이었습니다. 소돔 왕은 엘람 왕과 그의 연합군에 패배하여 도망갔던 왕입니다. 그 때문에 소돔과 고모라의 재물과 양식을 엘람 왕에게 빼앗겼었습니다. 그런데 지금 아브라함이 소돔의 재산을 되찾아가지고 돌아온 겁니다.

소돔 왕은 아브라함에게 이렇게 제안합니다. "사람은 내게 보내고 물품(재물)은 네가 가지라"고 말입니다. 그러나 아브라함은 두 번 생각할 것도 없이 일언지하에 소돔 왕의 제안을 거절합니다. 혹시라도 나중에 소돔 왕이 "내가 아브람으로 치부하게 하였다" 할까 하여, 아브라함은 실오라기 하나, 들메끈 한 가닥도 가지지 않겠다고 선언하고 전쟁에 소요된 비용을 제외하고는 모든 재물을 소돔 왕에게 돌려줍니다(창 14:23, 24).

반면에, 멜기세덱과 관련해서는 이야기할 것이 많이 있습니다. 본문에는 멜기세덱이 신비로운 존재로 등장합니다. 그에 대하여 성경에는 단지 "살렘 왕"이요 "지극히 높으신 하나님의 제사장"이라는 것만 언급되었습니다(창 14:18). 그가 신비로운 존재인 이유는 성경에 멜기세덱에 대하여 아무런 사전 설명 없이 느닷없이 그를 언급하고 있다는 것과 그에 대하여 알려진 것이 아무 것도 없다는 데 있습니다. 나중에 히브리서 저자는 멜기세덱이 "아버지도 없고 어머니도 없고 족보도 없고 시작한 날도 없고 생명의 끝도 없어 하나님의 아들과 닮아서 항상 제사장으로 있"는 사람이라고 설명합니다(히 7:3). 심지어 그가 왕으로 있는 "살렘"의

정확한 지리적인 위치도 모호합니다.[1)]

멜기세덱은 떡과 포도주를 가지고 나와 승리하여 돌아오는 아브라함을 맞고 그에게 축복하였습니다. "천지의 주재이시요 지극히 높으신 하나님이여 아브람에게 복을 주옵소서"(창 14:19). 이에 대해 아브라함은 전리품 중에서 "십분의 일"을 멜기세덱에게 드려 그의 호의에 보답했습니다(14:20).

아브라함이 전리품 중에서 십분의 일을 멜기세덱에게 준 것은 율법 이전에 등장한 "십일조"에 대한 최초의 언급이지만, 장차 제도화 될 율법의 십일조 규율 때문에 아브라함이 그렇게 행동한 것은 아니었습니다. 또한 후대에 십일조를 드리는 것에 대한 선례를 남기려는 교훈적인 목적으로 행했던 것은 더더욱 아닙니다. 아브라함이 멜기세덱에게 준 "얻은 것의 십분의 일"은 고대에 신전에 드려지던 정기적인 공물 또는 조세였음이 분명합니다. 신전에서 일하는 사람(제사장)이나 왕에게 십분의 일을 드리는 것은 고대 사회에서 널리 행해졌던 행동이었습니다.[2)] 이것은 그 후 이스라엘 농부가 가나안 땅을 사용한 대가로 십분의 일을 바치던 풍습의 기원을 설명하는 한 방법입니다. 말하자면, 십일조를 드린 행동이 성경에만 언급된 특별한 예가 아니었다는 말입니다.

전쟁에서 승리한 사람은 그의 업적의 증표인 전리품을 본인이 얼마든

---

1) 웬햄(Wenham)은 살렘을 세겜 근처일 것이라고 조심스럽게 추측합니다만[G. J. Wenham, *Genesis 1–15*, WBC (Waco: Word Books, 1987), 316], 폰 라트는 예루살렘이라고 주장합니다. 많은 사람이 예루살렘과 "살렘"을 동일시하는 것을 보면 살렘을 예루살렘으로 보는 것이 나을 듯합니다[G. von Rad, *Genesis*, OTL (London: SCM, 1961, 1979), 179]; G. Ch. Aalders, *Genesis*, Vol. I, BSC (Grand Rapids: Zondervan, 1981), 288. 그렇다고 하더라도, 이 장소가 지니는 지정학적 의미는 그다지 중요하지 않습니다.

2) 콜(Dennis Cole)은 고대근동에서 십일조가 실행된 예를 광범위하게 제시합니다. 농산물 이외에 금속과 수공예품 등 다양한 재산을 십일조로 드렸던 메소포타미아와 왕궁 전속 신전에서 활동하는 사제들을 지원하는 십일조의 예를 기록한 우가릿 문서 등이 대표적입니다. 이 중에서 우가릿 문서에 기록된 왕궁 전속 신전(royal temple)에 있었던 일종의 왕적 지위를 가진 제사장(royal priest)의 예는 창세기 14장의 멜기세덱 이야기와 상통합니다. R. Dennis Cole, *Numbers*, NAC 3B (Nashville: Broadman & Holman, 2000), 294.

지 다 가질 수 있었습니다. 이에 따라 아브라함도 그가 엘람 왕에게서 빼앗은 물품을 얼마든지 사유화 할 수 있었습니다. 그런데 아브라함은 그렇게 하지 않았습니다. 앞에서 설명한 것처럼, 아브라함은 그가 엘람 왕에게서 빼앗은 것 중에 소돔 왕에게 속한 것은 전쟁을 치르면서 사용한 것을 제외하고는 모두 소돔 왕에게 돌려주었습니다(창 14:24). 물론 전리품 중에서 소돔과 고모라 도시 시민들이 빼앗긴 물건을 그 도시의 최고 우두머리인 소돔 왕에게 준 것과 멜기세덱에게 십분의 일을 준 것을 같은 비중과 의미로 이해해서는 안 됩니다.

창세기 본문에서 멜기세덱과 관련하여 우리가 주목할 내용은 멜기세덱을 "왕"과 "제사장"이라고 소개하고 있다는 사실입니다. 창세기에서 멜기세덱을 특히 "지극히 높으신 하나님의 제사장"이라고 소개하고 있는 것에 주목할 필요가 있습니다(창 14:18). 우리에게 많은 정보가 없어서 당시 상황을 충분히 파악할 수는 없지만, 적어도 이 본문을 통해 우리가 확신할 수 있는 한 가지가 있습니다. 그것은 아브라함이 멜기세덱에게 그가 얻은 것에서 십분의 일을 줌으로써 멜기세덱이 하나님에게 속한 제사장이라는 사실을 인정했고, 그럼으로써 고대의 백성이 자기들의 신에게 십분의 일을 바침으로써 신에게 복종하는 행동을 재현했다는 사실입니다. 이러한 행위는 아브라함이 그가 믿던 창조주 하나님에 대한 신앙과 멜기세덱이 보유하고 있던 지극히 높으신 하나님의 제사장을 연결하는 분명한 행위입니다.[3] 말하자면, 아브라함은 제사장이면서 동시에 왕인 멜기세덱에게 십분의 일을 드림으로써 멜기세덱이 자기에게 축복해준 것과 하나님을 찬양한 것을 암묵리에 받아들이고, 멜기세덱이 지닌 제사장과 왕으로서의 위엄을 높였던 것입니다.[4] 멜기세덱은 왕과 제사

---

3) 알더스(G. Ch. Aalders)는 멜기세덱이 하나님을 "지극히 높으신 하나님"으로 언급한 것(19, 20, 21절)과 아브라함이 하나님을 "천지의 주재시요 지극히 높으신 하나님 여호와"라고 언급한 예에서 두 사람이 같은 하나님을 섬기고 있었다는 결론을 끌어냅니다. Aalders, *Genesis*, 289.

4) C. Westermann, *Genesis* 12–36 (Minneapolis: Augusburg, 1981, 1985), 203.

장 직위를 가진 메시아의 출현을 비교적 일찍이 예표했던 인물이었습니다.

이 사실은 나중에 높고 영원하신 제사장의 출현을 기다리는 구약의 메시아적 소망과 연결된 데에서도 분명하게 나타납니다. 다윗이 시편 110편에서 왕의 권위를 가진 제사장으로서 멜기세덱을 장차 등장할 다윗 왕조의 원형과 선구자로 설명하고 있다는 것이 그 증거입니다(시 110:4). 이를테면, 아브라함이 멜기세덱에게 복 빎을 받고 그에게 십분의 일을 바친 행위는 예루살렘과 장차 등장할 다윗 왕조에 속한 여호와의 기름 부음 받은 자를 인정하고 그분에게 자신을 복종시킨 행위입니다.[5)]

신약시대에도 멜기세덱을 제사장직을 가진 메시아의 예표로 이해했습니다. 히브리서 저자는 멜기세덱이 지니고 있던 제사장직을 그 후에 나타날 완전한 제사장직과 관련하여 분명하게 설명하면서 창세기 14:18-20을 인용합니다(히 7:1-9). 히브리서 저자는 아브라함이 멜기세덱에게 얻은 것의 십분의 일을 주고, 멜기세덱이 아브라함을 위하여 복을 빈 일련의 행위를 멜기세덱이 아브라함보다 높은 분이시라는 것을 인정한 증거로 해석했습니다(7:4-7). “논란의 여지없이 낮은 자가 높은 자에게서 축복을 받느니라”(7:7). 히브리서 저자는 이 고사를 이용하여 예수 그리스도가 멜기세덱의 반차에서 나셨으며, 그러한 까닭에 구약시대에 십일조를 받던 레위 지파 출신의 제사장들보다 위대하고 높은 제사장이라는 것을 증명합니다(7:15, 17). 설령 아브라함의 후손들 가운데 레위 지파에 속한 제사장들이 나머지 지파에 속한 사람들에게서 십일조를 받았다 하더라도, 레위 지파에 속한 사람들은 아브라함의 본으로 말미암아 그들보다 높으신 또 다른 분에게 십분의 일을 드리고 그분에게서 복 빎을 받았

---

5) von Rad, *Genesis*, 181; Westermann, *Genesis* 12-36, 205.

다는 사실을 알았던 것입니다.[6)]

영감 받은 성경 저자인 히브리서의 저자는 창세기 14:18-20의 예가 십일조 제도나 십일조의 예를 위해 제시된 것이 아니라 높은 자와 낮은 자의 관계를 설명하는 사건으로 이해합니다. 그는 아브라함과 멜기세덱의 관계를 마지막 때에 오실 영원한 제사장으로서 메시아를 가리키는 종말론적인 중요성을 위해 존재한다고 해석합니다. 그러므로 창세기 본문은 아브라함이 십일조를 드렸듯이 신약교회도 그 예를 따르라는 모범적 예로 제시된 것이 아닙니다. 이스라엘의 조상 아브라함도 존경을 표했던 멜기세덱이 메시아를 예표하는 인물임을 제시하는 데 그 목적이 있습니다.

그러므로 창세기 14:19-20은 아브라함보다 더 위대한 왕이요 제사장이 (온전한 제사장 직을 수행할) 이스라엘의 메시아로 오실 것을 보여주는 중요한 본문입니다. 그리스도가 멜기세덱 제사장의 반차(계통)를 좇아 제사장이 되신 것은 율법을 바꿀 정도로(히 7:12), 또 "전에 있던 계명은 연약하고 무익하므로 폐할" 만큼 엄청난 사건입니다(7:18).

이러한 이해에 근거하여 히브리서 저자는 선례와 원형을 확정하고 난 후 멜기세덱을 이용하여 예수님의 대제사장 되심을 설명합니다(히 7:11-19, 21b). 멜기세덱이 축복하고 아브라함이 십분의 일을 준 사건은 멜기세덱이 아브라함보다 위대하시다는 증거로, 메시아는 멜기세덱의 질서를 좇아 등장할 것이라는 증거로, 또한 그 메시아는 레위 지파에 속한 제사장이나 심지어 믿음의 조상인 아브라함보다 높은 제사장이시라는 증거로 제시되었습니다. 그러므로 창세기 본문은 장차 올 그리스도를 예시하려는 목적을 지니지, 십일조 제도를 교훈하려는 것과는 무관합니다. 이런 것을 고려한다면, 롱게네커(R. Longenecker)가 본문을 주석하면서 "히브리서 저자는 율법과 혈통과 관계없이 하나님께서 정하신 인

---

6) Wenham, *Genesis* 1-15, 317.

물에 근거한 영원한 제사장 직의 선례와 원형으로서 멜기세덱을 채택하였다"라고 언급한 것은 본문의 의미를 정확히 간파한 해석이라고 평가할 수 있습니다.[7)]

이처럼 본문 읽기를 제대로 하고 본문을 당대의 상황과 신약의 입장에서 해석하면, 창세기 14:18-20은 어떤 의미에서 십일조를 언급한 구약성경의 다른 본문과 상당히 다르다는 것을 알 수 있습니다.

첫째, 본문에 언급된 "얻은 것에서 십분의 일"을 바치는 행위는 구약성경의 다른 본문(특히 이후에 살펴볼 레위기, 민수기, 신명기)에서 요구하는 십일조와는 다른 내용을 담고 있습니다. 레위기-신명기 본문에서는 땅에서 생산되는 소출에서 십분의 일을 동족이며 땅에서 소득이 없는 레위인에게 주라고 요구합니다. 하지만 창세기 14장에서는 전쟁에서 얻은 전리품과 그것을 높은 이에게 바치는 문제를 다루고 있습니다. 그래서 그 후 아브라함의 생애를 보면, 아브라함이 소득에서 십분의 일을 반복해서 드렸다는 언급이 없습니다. 단지 본문은 아브라함이 어느 특정한 시기와 사건을 맞아 롯을 되찾아 오면서 전쟁에서 승리하고 돌아온 자신에게 복을 빌어준 멜기세덱이 "하나님의 제사장"이라는 것을 알고 그분을 높인 행위 자체에 강조점이 있습니다. 아브라함이 "십분의 일을 바친 것"은 단지 장차 오실 메시아의 모형인 멜기세덱이 아브라함보다 높으신 분이라는 것을 인정하는 행위였습니다.[8)]

둘째, 본문의 상황이 율법이 주어지기 전에 발생한 것이기 때문에 아브라함은 자진해서, 그가 주도권을 잡고 멜기세덱에게 십분의 일을 드렸습니다. 아브라함의 행동은 어떤 종교적인 의무에서 비롯된 것이 아닙니

---

7) R. Longenecker, "The Melchizedek Argument of Hebrews," in *Unity and Diversity in the New Testament Theology*. ed. by R. A. Guelich (Grand Rapids: Eerdmans, 1978), 178.

8) J. Calvin, *Commentary on the Book of Genesis*, Vol. 1 (Grand Rapids: Eerdmans, 1948), 393; J. J. Peterson, "Tithing, NO!" *Presbyterian Guardian* (Oct. 1978), 9.

다. 아브라함이 자기 소유의 십분의 일을 드린 것은 단지 종교(신전)와 정부 유지를 위해 바치는 고대의 널리 퍼져 있던 문화 또는 풍습을 따른 행동이었습니다. 이런 풍습은 당시 가나안, 페니키아, 아랍, 카르타고 그리고 리디아 등 고대의 여러 나라에서 실행되었으며, 헬라인들과 로마인들도 관례적으로 전쟁의 전리품 중에서 십분의 일을 기증한 예에서도 발견할 수 있습니다.[9] 그러므로 창세기 14:20은 소득의 10%를 드리는 것을 헌금의 표준이라고 가르치는 증거 본문이 될 수 없습니다.

2) 안전 보장에 대한 보답으로 자원한 약속(창 28:20-22)

> 20 야곱이 서원하여 이르되 하나님이 나와 함께 계셔서 내가 가는 이 길에서 나를 지키시고 먹을 떡과 입을 옷을 주시어
> 21 내가 평안히 아버지 집으로 돌아가게 하시오면 여호와께서 나의 하나님이 되실 것이요
> 22 내가 기둥으로 세운 이 돌이 하나님의 집이 될 것이요 하나님께서 내게 주신 모든 것에서 십분의 일을 내가 반드시 하나님께 드리겠나이다 하였더라
> (창 28:20-22).

성경에서 두 번째로 십일조가 언급된 본문은 창세기 28:20-22입니다. 본문은 야곱이 형 에서의 낯을 피하여 삼촌 라반이 살고 있는 하란으로 도망가던 중에 단을 쌓고 하나님께 서약한 내용입니다.

야곱은 브엘세바를 떠나 하란으로 향하여 가다가 루스라고 하는 도시

---

9) P. A. Verhoef, "Tithing-A Hermeneutical Consideration," in *The Law and the Prophets*, ed. by John Skilton (Phillipsburg: P&R, 1974), 116. 그리고 *Interpreter's Dictionary of the Bible* (Nashville: Abingdon Press, 1962) 4:654.과 C. L. Feinberg, "Tithe," in *Pictorial Encyclopedia of the Bible* (Grand Rapids: Zondervan, 1977), 5:756.

에 이르게 되었습니다. 그 곳에서 야곱은 돌을 베게 삼아 잠을 자던 중에 사닥다리와 그 위를 천사들이 오르내리는 꿈을 꾸었습니다. 야곱이 여전히 꿈속을 헤매고 있을 때, 하나님께서 야곱에게 나타나 말씀하셨습니다. "나는 여호와니 너의 조부 아브라함의 하나님이요 이삭의 하나님이라 네가 누워 있는 땅을 내가 너와 네 자손에게 주리"라고 말입니다(창 28:13). 하나님은 꿈속에서 야곱의 조부인 아브라함에게 하셨던 약속을 재확인하셨습니다(참조. 창 15:7, 18). 또한 하나님은 야곱과 관련해서 그의 후손이 많아져 사방으로 퍼질 것이며, 온 세상 사람이 야곱의 자손으로 말미암아 복을 받게 될 것이고 하나님께서 야곱과 함께 하실 것이며 야곱을 반드시 가나안 땅으로 이끌어 올리실 것이라 약속하셨습니다(28:14, 15).

꿈에서 깨어난 야곱은 자기가 누웠던 그 곳이 하나님이 계신 곳이라는 사실을 알게 됩니다. 그래서 야곱은 그 곳을 하나님의 집이며 하늘로 들어가는 문이라고 선언하고, 그가 베게로 삼았던 돌을 기둥 삼아 그 곳을 "하나님의 집"이란 뜻의 "벧엘"이라고 이름을 지었습니다. 하나님께서 야곱에게 약속했던 것처럼, 야곱도 하나님께 약속합니다. 하나님께서 약속하신 대로 자기와 함께 하시고 하란으로 가는 길에 자기를 지키고, 자기 아버지 집으로 무사히 돌아오게 하신다면, 하나님을 자신의 개인적인 하나님으로 삼겠으며 방금 전에 돌을 세우고 "벧엘"이라고 이름 지은 대로 이곳을 정말로 "하나님의 집"이 되게 하고, "하나님이 주신 모든 것에서 십분의 일"을 하나님께 반드시 드리겠다고 말입니다(창 28:20-22).

이것은 매우 훌륭한 약속이며, 그것도 자발적으로 한 약속입니다. 여기서 야곱에게는 십일조를 바치는 어떠한 종교적인 의무가 작용하지 않았습니다. 오히려 야곱은 자원해서 십일조를 드린다고 했고, 하나님께 자기 나름대로 조건을 달기도 했습니다. 이렇게 저렇게 해주신다면

(창 28:20–21a), 자기가 하나님께서 주신 것에서 십분의 일을 드리겠다(28:21b–22)고 서약한 것입니다.

종교적인 의무가 없는데도 야곱이 하나님이 주신 것에서 십분의 일을 드리겠다고 선뜻 서약한 것은 아직까지 십일조 제도가 확립되지 않은 까닭에 그랬을 것이라고 이해할 수도 있습니다. 그러나 야곱에게는 그렇게 서약할 만한 개인적인 이유가 있었습니다. 그는 형을 속인 것 때문에 아버지의 집을 떠나 낯선 곳으로 가는 도중이었습니다. 그래서 무엇보다도 안전이 제일 걱정이 되었습니다. 하나님으로부터 조부(아브라함)와 아버지(이삭)에게 하신 언약의 내용을 재확인 받았고(창 28:13–15), 그곳에 하나님이 계시고 그곳이 하늘의 문이라는 사실을 알았지만(28:17), 자기 앞에 일어날 일에 대해서는 불안하기만 했습니다. 어찌 되었든지 야곱은 안전을 조건으로 하나님께 서원합니다. “하나님이…… 하시오면, 하나님이…… 되실 것이요, 내가…… 반드시 하나님께 드리겠나이다.”

야곱이 서약한 말에서 우리는 십분의 일을 바치는 것이 하나님께서 야곱에게 부과한 의무를 수행해야한다는 의무나 법적인 문제에서 그렇게 했다는 암시를 전혀 찾을 수 없습니다. 야곱은 글자 그대로 자원해서 서약한 것입니다. 서약을 하지 않을 수도 있었고, 모든 것에서 백분의 일을 바치겠다거나 절반을 바치겠다고 할 수도 있었습니다. 특히 야곱이 그의 여정(旅程)에 하나님이 함께하고 지키고 생필품을 공급해주시는 것에 대한 보답으로 십분의 일을 드리겠다고 조건을 단 것을 보면, 여기에 언급된 “십분의 일”은 서원금과 다를 바가 없어 보입니다.[10)]

---

10) 베스터만이 지적했다시피, 본문은 기껏해야 가나안 정착 생활을 하고 있는 이스라엘의 제의(맹세와 십일조)의 기원이 400년 전으로 거슬러 올라간다는 것을 알려주려는 의도에서 나온 이야기로서의 의의를 지닐 뿐입니다. Westermann, *Genesis* 1–11, 453. 여기서 강조는 맹세에 있지 십일조의 관행에 있지 않다고 지적한 폰 라트, 알더스, 베스터만의 통찰은 옳아 보입니다. 그렇다면 본문은 창세기 14:18–20에서 아브라함이 멜기세덱에게 한 행동보다는 의무감이 적은 예에 불과합니다. von Rad, *Genesis*, 286. Aalders, *Genesis*, II: 109; Westermann, *Genesis* 1–11, 459–60.

창세기 28:20-22에 후대에까지 영향을 끼칠 만한 십분의 일을 드리겠다는 야곱의 "서원한" 내용이 담겨 있다면, 우리는 여기서 20여 년이 지난 후 야곱이 하란을 떠나 고향으로 돌아오는 길에 정말 그가 서약한 것을 지켰는지 질문을 제기할 수 있습니다. 야곱은 실제로 그가 서원한 것을 실천했거나 늘 생활화했는지, 아니 그의 생에 중에 적어도 한 번이라도 실행했는지 궁금합니다. 이것을 알기 위해서는 야곱이 밧단아람에서 돌아온 이후의 삶을 검토해 보아야 합니다. 야곱이 얻은 것의 십분의 일을 드리겠다고 서원한 것이 정말 중요한 약속이었다면 틀림없이 성경에 그 실천한 것이 언급되었을 테니까요.

야곱은 하란에서 거부(巨富)가 되어 돌아옵니다. 그런데 야곱은 형 에서와 화해할 목적으로 그에게 줄 예물을 마련하려고 소유 중에서 상당히 많은 재산을 추립니다. "암염소가 이백이요 숫염소가 이십이요 암양이 이백이요 숫양이 이십이요 젖 나는 낙타 삼십과 그 새끼요 암소가 사십이요 황소가 열이요 암나귀가 이십이요 그 새끼 나귀가 열"이 그 목록입니다(창 32:14-15). 이것이 그의 전 재산이라고 해도 어마어마하게 많은 재산인데, 단지 에서에게 줄 예물로서 자기 소유에서 일부분만을 떼어낸 것이라는 점에서 우리는 야곱의 재산 규모에 그저 놀라워 할 뿐입니다. 그러나 어찌 되었든지 이 일부분의 재산은 에서에게 줄 물품이고 십일조로 드린 것은 아니라는 것을 분명히 해둘 필요가 있습니다.

혹시나 해서 그 이후에 야곱이 하나님께 십일조를 드리겠다고 한 약속을 지켰는지 확인해 볼 수도 있습니다. 그 후에 벌어진 사건은 이렇습니다. 야곱은 에서를 만나기 전에 얍복 나루, 즉 브니엘에서 천사와 씨름했습니다(창 32:22, 30). 야곱은 브니엘을 건너 에서를 만난 후에 숙곳에 정착하며 살았습니다(33:16, 17). 그 후 야곱은 밧단아람에서 평안히 가나안 땅 세겜 성읍에 이르러 장막을 쳤으며, 그가 장막을 친 그 땅을 세겜의 아버지 하몰의 아들들에게서 돈을 주고 사서 (벧엘이 아니라 세겜에) 단을 쌓았습니다(33:18-20). 하나님과 한 약속을 실행했다는 흔적이 보이지 않습니다.

야곱이 정작 벧엘로 가서 단을 쌓게 된 것은 그의 딸 딤나가 세겜 성읍의 하몰의 아들에게 욕보임을 당한 후였습니다(창 34:1, 2). 하나님은 야곱에게 벧엘로 가서 그곳에서 제단을 쌓으라고 지시하셨습니다(35:1). 야곱은 그대로 행했습니다(35:7). 세겜에서 남쪽으로 조금 더 이동한 셈입니다.

야곱은 벧엘에 가서 하나님이 말씀하신 대로 그곳에 제단을 쌓았습니다. 그런데 야곱이 처음에 그가 서약했던 내용 중에서 지켜진 것이라고는 돌기둥을 세운 것과 (당시만 해도 "루스"라 불렸던) 그 곳 이름을 "벧엘"이라고 부른 것뿐입니다. "야곱이 하나님이 자기와 말씀하시던 곳에 기둥 곧 돌기둥을 세우고 그 위에 전제물을 붓고 또 그 위에 기름을 붓고 하나님이 자기와 말씀하시던 곳의 이름을 벧엘이라 불렀더라"(35:14, 15). 이것이 전부입니다. 어디에도 야곱이 하나님께 약속한 것을 실행하느라 소유 중에서 십분의 일을 떼어놓거나 십분의 일을 드렸다는 언급은 없습니다. 거부가 재산의 십분의 일을 드렸다면, 그것은 엄청난 사건입니다. 그런데 하나님과 약속한 것을 실행하여 후대에 귀감이 될 만한 행동에 대하여 성경은 침묵합니다.

카일과 델리취(Keil and Delitsch)는 야곱이 벧엘에서 성경에 언급된 행동 이외에 "하나님께 십일조도 드렸을 것"이라고 추측하지만,[11] 우리로서는 야곱이 여러 다양한 종류의 가축과 생축을 가지고 있었기 때문에 자기가 맹세한 약속을 어떤 식으로 시행했는지, 아니 실제로 시행하기나 했는지 전혀 알 길이 없다고 하는 것이 솔직한 대답일 것입니다. 적어도, 창세기 저자는 이 부분에 대해 침묵함으로써 해당 본문(창 28:20-22)의

---

11) Keil and Delitsch, *Commentary on the Old Testament*, vol.I Pentateuch (Grand Rapids: Eerdmans, n.d.), 283.

의미와 중요성이 족장 야곱이 십일조 법을 잘 지켰다는 데 있지 않다는 것을 간접적으로 보여주고 있습니다.

그렇다면, 우리가 내릴 수 있는 결론은 이것입니다. 야곱이 전에 맹세한 대로 십일조를 바쳤고, 또한 그렇게 하려고 어떤 절차를 밟았(을지도 모른)다는 사실은 성경 저자의 관심사가 아니었음은 물론이고, 야곱이 십일조를 내겠다고 한 사실이 후대에 선례를 제시하는 규범적인 의미를 지니지 않는다고 말입니다. 우리가 백보 양보하여, 야곱의 생애에서 정말로 야곱이 서약한 것과 그가 서약한 내용 그대로 지켰는지가 중요한 문제였다면, 이 후에 하나님께서 야곱이 한 서약 내용을 상기시키면서 하나님께 야곱의 소유의 십분의 일을 내지 않은 것을 문제 삼아야 했을 것입니다. 그런데 성경에는 하나님께서 그렇게 하셨음을 암시하는 흔적이 없습니다. 그 후에도 성경 저자들은 야곱이 한 말을 근거로 종교적인 의미를 지닌 십일조를 주장하거나 야곱 시대에 십일조 제도가 존재했다고 가르치지 않습니다.

십분의 일을 바치는 제도는 야곱이 벧엘에서 서약한 사건으로부터 400년이 지나서야 등장합니다. 모세오경을 기록한 모세가 애굽에서 이스라엘 백성을 이끌고 나오면서 하나님의 율법의 한 부분으로 십일조 내는 것을 언급한 것이 구약성경에서 최초로 십일조를 명문화한 예입니다. 그것도 이스라엘 국가 전체가 공동으로 생활하던 시기에 접어들면서, 많은 지파들이 땅의 소산을 얻을 수 없는 특정한 지파의 생활을 지지하기 위해 다른 의식법이나 시민법과 함께 주어지는 상황에서 말입니다(레 27:30-33; 민 18:21-32; 신 12:4-19; 14:22-29; 26:12).

만일 모세가 족장들의 삶을 기록하면서 아브라함이 십분의 일을 바치고 야곱이 십분의 일을 하나님께 바치겠다고 서약한 것이 나중에 모세 시대에 나타날 율법과 연결되고, 십일조를 바치는 것이 비중이 있는 문제라고 생각했다면, 틀림없이 그는 지금보다 더 분명하게 십일조 시행을 언급했고, 두 사건을 연결했을 것입니다. 특별히 야곱이 서약만 하고 실행을 하지 않은 것에 대하여 부정적으로 평가를 했을지도 모릅니다.

그러나 모세는 그러지 않았습니다. 족장들의 예는 출애굽 이후 시대의 십일조 제도와 관련이 없는 것이기 때문입니다. 야곱은 여전히 그의 조부 아브라함과 그의 아버지 이삭과 더불어 후손들에게는 중요하고 존경받을 만한 족장에 속했습니다. "나는 네 조상의 하나님이니 아브라함의 하나님, 이삭의 하나님, 야곱의 하나님이니라"(출 3:6).

그렇다면 율법에서 십일조 제도는 왜 생겼으며, 그 당시 십일조는 어떤 의미를 지녔을까요? 이제 모세 율법에 언급된 십일조 본문을 상고할 차례입니다.

2. 율법에 명기된 예

1) 기업의 땅에서 여호와의 것으로 구별된 "십분의 일"(레 27:30–33)

30 그리고 그 땅의 십분의 일 곧 그 땅의 곡식이나 나무의 열매는 그 십분의 일은 여호와의 것이니 여호와의 성물이라
31 또 만일 어떤 사람이 그의 십일조를 무르려면 그것에 오분의 일을 더할 것이요
32 모든 소나 양의 십일조는 목자의 지팡이 아래로 통과하는 것의 열 번째의 것마다 여호와의 성물이 되리라
33 그 우열을 가리거나 바꾸거나 하지 말라 바꾸면 둘 다 거룩하리니 무르지 못하리라 (레 27:30–33)

레위기는 이 책의 이름처럼 주로 레위 지파 사람들, 그 중에서도 아론의 제사장들을 중심으로 이스라엘 진영에서 죄를 제거하고 거룩함을 유

지해야 하는 것을 가르치는 책입니다. 레위기에는 이스라엘 백성이 시내 산에 당도한 후부터 시내 산을 떠나 광야 40년 여행을 시작하기 전까지 시내 산에서 받은 옛 언약의 언약 세칙이 서술되어 있습니다(레 27:34).

언약 세칙에는 제사 규례(1-7장), 제사장 규례(8-10장), 정결과 부정에 관한 규례(11-15장), 거룩한 날들과 거룩함을 유지하기 위한 규례(16-23장; 25:1-12), 그리고 그밖에 거룩한 땅에서 지켜야 할 여러 가지 성별 규례들(24; 25:13-27:34)이 포함되어 있습니다. 언약 세칙에서 가르치는 큰 주제는 "거룩"입니다. 이 세칙들은 이스라엘 백성이 하나님께서 기업으로 주시는 땅에 들어갈 때, 그 땅을 "거룩한 땅"으로 생각하라면서, 하나님의 "제사장 나라와 거룩한 백성"으로서 어떻게 살아야 할지를 제사장, 제사와 관련하여 설명합니다.

본문(레 27:30-33)은 땅에서 나는 것의 "십분의 일"을 드리는 규율을 다루고 있습니다. 27장은 십분의 일을 드리는 것 이외에, 여호와께 서원한 값 드리기(27:1-13), 자기 집을 성별하여 드리기(27:14-15), 기업된 밭을 성별하여 드리기(27:16-25), 처음 난 가축을 드리기(27:26, 27) 등 여호와께 여러 가지를 드리는 규례가 제시되었습니다. 본문에는 이 모든 내용이 차례로 언급된 후에, 여호와께 온전히 바친 모든 것들(사람, 가축, 기업의 밭)은 절대로 팔거나 무르지 말라는 경고의 말씀이 이어집니다. "바친 것은 다 여호와께 지극히 거룩함이며, 온전히 바쳐진 그 사람은 다시 무르지 못하나니 반드시 죽일지니라"(27:28, 29).

이처럼 하나님께 온전히 바치라는 말씀과 바친 것을 무를 경우에 받게 되는 처벌을 언급하면서, 본문(레 27:30-33)에서 "땅의 소산 중에서 십분의 일"을 바쳤다가 무르는 경우를 예로 들어 설명합니다.

하나님께서는 먼저 곡식과 나무의 열매, 또는 소나 양 중에서 거룩한 것을 어떻게 정할 것인지를 정의하십니다. 곡식과 나무의 열매는 무조건

"십분의 일"을 여호와의 것으로 구별하여 "여호와의 성물"에 속하는 것으로 하라고 말씀하십니다. 곡식과 나무 열매의 경우에 구별해놓은 십일조를 무르려면, 무르는 것에 (벌금으로, 십분의 일로 내는 가치에 해당하는 것의) 오분의 일을 더하여, 그러니까 결국 처음 것 10퍼센트와 벌금인 (십일조의) 20퍼센트를 합쳐서 전체 십이 퍼센트에 해당하는 것을[12] 성별하여 "여호와의 성물"로 여기라고 규정하셨습니다.

소나 양의 경우에는 가축의 무리를 목자의 지팡이 아래로 통과하게 하면서 무조건 열 번째를 "여호와의 성물"로 구별하라고 정해주셨습니다. 이 경우에, 주인이 성별한 것을 "여호와의 성물"로 정하는 것이 마음에 들지 않는다고 하더라도 이미 정해진 것을 절대로 다른 것과 바꾸거나 무르지 말라고 경고하십니다. 그러나 혹시라도 이 분명한 계명이 주어졌는데도 주인이 성별된 가축을 다른 것과 바꾸려고 시도했다면, 바꾸려고 시도한 가축마저 거룩하여집니다. 그래서 결국 이미 성별된 것과 바꾸려고 한 가축 둘 다 거룩해지는 셈입니다. 그러므로 이 본문은 엄밀한 의미에서 십일조 제도에 관한 본문이 아니라, 가나안 땅에서 난 것에서 거룩한 것을 구별하고 여호와의 것을 다른 것으로 바꾸거나 무르지 못하게 금지한 법을 다루는 본문입니다.

레위기의 주요한 교훈은 사람(제사장)이나 날(절기)을 따로 떼어놓아 백성들에게 거룩함을 유지하기를 가르치는 데 있습니다. 이 거대한 주제 아래 본문에서는 두 가지 문제를 다룹니다. 하나는 레위기 전체의 주제와 관련하여 곡식과 나무 열매와 소나 양을 어떻게 성별하느냐 하는 문제입니다. 또 다른 하나는 레위기 27장에서 다루는 주제처럼, 하나님께 성별한 것은 다른 것과 바꾸거나 무르지 못한다는 것입니다. 이 점에서 본문은 이스라엘에게 요구되는 거룩한 삶과 관련된 주제를 다루고 있는

---

12) M. Noth, *Leviticus*, OTL (London: SCM, 1977), 208; A. Noordtzij, *Leviticus*, BSC (Grand Rapids: Zondervan, 1982), 280.

셈입니다. 열 개 중에서 임의로 고른 하나가 여호와의 성물에 속하며, 여호와께 속한 성물(거룩한 물건)에는 곡식과 나무 열매와 가축의 십분의 일도 포함되었다는 것이 본문의 요지입니다.

여기서 우리가 주목해야 할 것은 이 본문이 여호와께서 짐승의 초태생과 관련하여 이스라엘에게 주신 또 다른 계명과 관련이 있다는 사실입니다(예컨대, 출 13:2, 12-15; 22:22, 29-30; 34:19; 레 27:6; 민 3:13; 8:16, 17; 18:15; 신 15:19; 눅 2:3). 그러므로 십일조 계명이 현대교회에도 유효하려면, 초태생을 드리라는 계명도 여전히 유효한 것으로 여겨야 합니다. 그래서 코울스(Cowles)는 현대교회가 계명을 지키려고 하면서도 모순적인 태도를 취하는 것을 꼬집으면서, 레위기의 의도를 정확하게 콕 짚었습니다.

> *이 모든 것들은 다 하나님에게 속한 것으로 여겨야 하는 것들이다. 십일조 계명이 오늘날에도 구속력이 있는 말씀이 되려면, 가축의 모든 초태생을 여호와에게 돌리라는 계명도 동일하게 구속력이 있는 말씀으로 받아 들여야 한다. 그런데 왜 사람들은 초태생에 관한 계명에 대해서는 주의를 기울이지 않는가? 두 계명(십일조 계명과 초태생을 여호와께 돌리라는 계명)이 동시에 레위기에 등장하는 것으로 보아, 두 계명 모두 같은 근거로 하나님께 바칠 것을 요구하는 계명으로 이해된다."*[13]

그리고 레위기 27장의 이야기의 흐름에서 우리는 십분의 일을 바치는 것이 문자적인 의미에서 이스라엘 백성 모두에게 부과된 것은 아니라는 사실을 읽을 수 있습니다. 십분의 일을 여호와께 드리는 사람은 땅에서 곡식과 나무 열매를 거두는 사람이고, 소나 양을 기르는 사람입니다. 다

13) Cowles, *Scriptural Teaching*, 24-25.

시 말해서, 본문은 가나안 땅을 가진 사람이 그 땅을 사용하여 농사를 짓고 목축업을 하는 경우에, 그가 땅의 소산물 중에서 하나님의 소유를 어떻게 정하고 여호와의 성물로 여길 것인지의 문제를 다룬 사례집에 해당합니다.

여기서 우리의 관찰력을 최대로 증진시켜, 본문의 의미를 더 분명하게 밝혀보면 흥미로운 사실 하나를 더 발견하게 됩니다. 하나님께서 본문에 해당하는 사람들에게 요구하는 "여호와의 성물"을 정하는 법은 땅 주인의 경우에는 순수 수입의 십분의 일이 아니라 전체 추수한 분량의 십분의 일을 구별해야 하는 것이고, 가축의 주인의 경우에는 그가 소유하고 있는 가축 전체에서 십분의 일을 여호와의 것으로 구별해야 한다는 점입니다.

사실 본문에 언급된 명령은 가나안 땅이 원래 하나님의 것이며 이스라엘은 그 땅에서 일하는 품꾼이라는 전제에서 주어진 명령입니다. 하나님께서는 레위기 25장에서 이 문제를 분명하게 언급하셨습니다. 하나님께서는 토지에 대해 "토지를 영영히 팔지 말 것은 토지는 다 내 것"이라고 힘주어 말씀하셨습니다(레 25:23). 한 마디로 말해서 가나안 땅의 주인은 하나님이라는 의미입니다. 백성들에 대해서는 "이스라엘 자손은 나의 품꾼"이라고 선언하셨습니다(25:55). 이 사실은 이스라엘의 모든 소유(특히, 땅)가 하나님의 것이며, 이스라엘 백성은 단지 그 땅을 빌려 쓰는 임차인에 불과하다는 것을 일깨웁니다. 그래서 이스라엘 백성은 그들이 살던 땅을 하나님이 주신 선물로 여겼습니다.

사람들 중에서 레위 지파가 구별되어 성막의 일을 하는 사람으로, 또 제사장들이 제사를 드리는 일을 하는 사람으로 구별되었듯이, 가나안 땅에서 생산되는 것(곡식이나 나무의 열매나 소나 양) 중에서도 일부(십분의 일)가 거룩한 것으로 구별되었습니다. 말하자면, 사람들 중에서는 레위인과 제사장이 하나님에게 구별된 사람("여호와의 성물")입니다. 땅에서 나는 것 중에서는 "십분의 일"이 "여호와의 성물"입니다.

그러므로 여호와 하나님께서 땅의 소산물 중에서 십분의 일을 구별하라는 것은 땅 주인으로서 당연한 요구입니다. 임대인이 임차인에게 토지 사용료를 받듯이 말입니다. 이런 의미에서 십분의 일은 이 땅을 하나님께 빌려 쓴 대가로 지불하는 토지 사용료에 해당한다고 할 수 있습니다.[14] 하지만 본문에서 하나님께서는 이 모든 것의 십분의 일을 누구에게 바치라고는 구체적으로 말씀하지 않으셨습니다. 레위기는 주로 "거룩함"에 관하여 다루는 책이기 때문에 이런 시시콜콜한 언급은 생략합니다. 단지 거룩하게 구별하라는 대의적인 가르침에만 초점을 맞출 뿐입니다.

하나님께서 백성들에게서 받으시는 "십분의 일"을 누구에게 줄 것이며, 또 그것을 어디에 쓸 것인지의 구체적인 문제는 민수기와 신명기에서 다루고 있습니다.

2) 레위인의 기업과 보수로 주어지는 십일조(민 18:21–32)

21 내가 이스라엘의 십일조를 레위 자손에게 기업으로 다 주어서 그들이 하는 일 곧 회막에서 하는 일을 갚나니
22 이 후로는 이스라엘 자손이 회막에 가까이 하지 말 것이라 죄값으로 죽을까 하노라
23 그러나 레위인은 회막에서 봉사하며 자기들의 죄를 담당할 것이요 이

14) 이 예는 바로의 땅을 사용하여 경작한 애굽 사람들이 추수 후 바로에게 토지 사용료로 땅에서 난 것의 오분의 일(20%)을 바친 것과 비교할 수 있습니다(창 47:20, 23–26). 당시 고대의 상황을 고려할 때 토지 사용료로 지불되는 20%의 세금이 정상적인 것이었다면(von Rad, *Genesis*, 411), 하나님께서 이스라엘 백성에게 요구하신 10분의 1은 그분의 관대하심의 표현입니다. 사실 애굽 사람들이 바로에게 바친 20%는 세금이라기보다는 바로의 밭을 사용한 토지 사용료에 해당합니다. 어찌 되었든지 남의 토지를 빌려 농사지은 대가로 전체 추수의 일정량을 요구하는 것은 옛날이나 지금이나 다를 바가 없습니다. C. Westermann, *Genesis* 37–50 (Minneapolis: Augusgurg, 1982, 1986), 176.

스라엘 자손 중에는 기업이 없을 것이니 이는 너희 대대에 영원한 율
례라
24 이스라엘 자손이 여호와께 거제로 드리는 십일조를 레위인에게 기업
으로 주었으므로 내가 그들에 대하여 말하기를 이스라엘 자손 중에
기업이 없을 것이라 하였노라
25 여호와께서 모세에게 말씀하여 이르시되
26 너는 레위인에게 말하여 그에게 이르라 내가 이스라엘 자손에게 받아
너희에게 기업으로 준 십일조를 너희가 그들에게서 받을 때에 그 십
일조의 십일조를 거제로 여호와께 드릴 것이라
27 내가 너희의 거제물을 타작 마당에서 드리는 곡물과 포도즙 틀에서
드리는 즙 같이 여기리니
28 너희는 이스라엘 자손에게서 받는 모든 것의 십일조 중에서 여호와께
거제로 드리고 여호와께 드린 그 거제물은 제사장 아론에게로 돌리되
29 너희가 받은 모든 헌물 중에서 너희는 그 아름다운 것 곧 거룩하게 한
부분을 가져다가 여호와께 거제로 드릴지니라
30 이러므로 너는 그들에게 이르라 너희가 그 중에서 아름다운 것을 가
져다가 드리고 남은 것은 너희 레위인에게는 타작 마당의 소출과 포
도즙 틀의 소출 같이 되리니
31 너희와 너희의 권속이 어디서든지 이것을 먹을 수 있음은 이는 회막
에서 일한 너희의 보수임이니라
32 너희가 그 중 아름다운 것을 받들어 드린즉 이로 말미암아 죄를 담당
하지 아니할 것이라 너희는 이스라엘 자손의 성물을 더럽히지 말라
그리하여야 죽지 아니하리라
(민 18:21–32).

민수기 18장에서 하나님께서는 아론에게 그가 이스라엘 자손의 땅에 기업도 분깃도 없을 것이라고 말씀하심과 아울러(18:20a), 하나님

자신이 이스라엘 중에서 아론의 분깃과 기업이심을 상기시키십니다(18:20b). 이 말씀을 마치시고 하나님은 이스라엘 백성이 바친 십일조를 레위 자손에게 기업으로 다 주신다고 말씀하십니다(18:21).

18장은 두 주제를 다룹니다. 18:1-20에는 제사장들(아론과 그의 자손들)이 백성들이 드린 헌물과 땅의 첫 열매와 생물 중 처음 난 것을 영구한 몫의 음식으로 받게 되는 과정이 설명되어 있습니다. 18:21-34에는 레위인들이 십일조를 받게 된 경위와 십일조가 그들에게 어떤 의미가 있는지가 설명되어 있습니다. 우리의 관심사가 모세오경에 나타난 십일조 본문을 설명하는 데 있는 만큼, 십일조 드리는 것과 관련된 내용을 먼저 말씀을 드리겠습니다.

비교적 긴 내용을 담고 있는 본문(민 18:21-32)에는 십일조의 의미가 무엇인지, 십일조를 어디에 사용해야 하는지가 구체적으로 언급되어 있습니다. 본문은 세 단락으로 구성되었습니다.

첫 번째 단락(18:21-24)은 땅이 없는 레위인들이 어디서 그들의 몫을 얻게 되었는지를 다룹니다. 하나님께서 백성들이 거제로 드린 십일조를 레위인들에게 주신다는 것입니다.

두 번째 단락(18:25-29)은 백성들이 하나님께 십일조를 내는 것처럼 레위인도 하나님께 십일조를 내어, 레위인도 하나님에게서 기업을 받았음을 표현한다는 내용을 다룹니다. 레위인들에게 자기들이 받은 모든 것의 십일조 중에서 여호와께 거제로 드리라는 것입니다. 그 거제물은 구체적으로 아론에게 전달하라는 것이 이야기의 핵심입니다.

세 번째 단락(18:30-32)은 십일조가 무슨 의미를 지니는지를 다룹니다. 십일조 중에서 제사장 몫으로 떼고 남은 것(십일조의 십분의 구)은 레위인에게 회막에서 일한 보수로 이해되었습니다.

그러므로 본문(18:21-32)은 십일조의 의미를 다음과 같이 설명합니다.

한편, 십일조는 레위인들에게 회막에서 일한 보수에 해당합니다. "내가 이스라엘의 십일조를 레위 자손에게 기업으로 다 주어서 그들의 하는 일 곧 회막에서 하는 일을 갚나니"(민 18:21, 31). 본문 자체만 놓고 보면, 레위인이 이스라엘의 모든 십일조를 받는 유일한 사람들로 지명되었습니다.[15]

다른 한편, 십일조는 하나님께서 다른 지파들에게는 땅을 기업으로 주신 것과 다르게, 아론과 레위 지파에게 주신 기업이었습니다. 아론과 그 자손들과 나머지 레위인들은 가나안 땅을 기업으로 받지 않았기 때문에, 그들은 분깃과 기업으로서 "여호와께 속한 것," 즉 땅의 소산의 십분의 일을 받습니다. 이 맥락에서 하나님께서는 왜 레위인들에게는 다른 지파들처럼 땅을 기업으로 주지 않으셨는지 그 이유를 설명하십니다. 이스라엘 열한 지파들은 땅을 기업과 분깃으로 받았지만, 레위 지파는 땅의 기업이나 아무 분깃도 받지 못하는 대신에 하나님 자신이 그들의 분깃과 기업이 되심을 알리려는 데 있다고 말입니다(민 18:20). 어쩌면 이 이유가 레위인들에게 십일조를 받게 하는 중요한 신학적인 이유가 될 것입니다. 이스라엘 백성들이 거제로 땅의 소산의 십일조를 하나님께 바치고, 레위인은 그 십일조를 받아 다시 그 십일조의 십분의 일을 제사장에게 주는 것을 통하여, 레위인이나 이스라엘 백성 모두 땅의 소산이 아니라 하나님이 그들의 유일하고 진정한 분깃과 기업이 되심을 배워야 했습니다.

본문에서 십일조 이야기가 불쑥 나오게 된 것은 이스라엘 공동체에서 벌어진 좋지 않은 사건 때문입니다. 모세가 광야에서 가나안 땅으로 정탐꾼을 보낸 사건(민 13-14장) 이후, 하나님께서는 이스라엘 자손이 그 분이 주셔서 살게 하는 땅에 들어가서 살게 될 경우에 해야 할 일을 말씀하셨습니다. 가나안 땅에 사는 사람이라면 누구나 예외 없이 각종 제사

15) M. Noth, *Numbers*, OTL (London: SCM, 1968), 137.

를 드릴 때 헌물로서 짐승과 포도주와 고운 가루를 드려야 했습니다(민 15:1-16. 특히, 12-16절). 또한 백성들이 "그 땅의 양식을 먹을 때"에 여호와께 거제를 드려야 했습니다(15:17-21).

우리말 성경에 "거제"로 번역된 단어는 쉽게 말해서 "드림(offerings)"입니다. 앞에서(레 27장) 설명했듯이, 이스라엘 백성들은 가나안 땅에 들어간 후 (레위 지파를 제외하고) 지파 별로 하나님에게서 일정량의 땅을 기업과 분깃으로 상속받게 되었으니, 그들이 농사를 지어 그 땅에서 나는 생산물을 하나님께 거제로 드려 거룩하게 해야 했던 것입니다(레 27:30-33). 가나안 땅에서 나는 농산물이 거룩하게 구별되었다는 사실은 백성들이 땅의 소산에서 일부분을 "거제"로 제사장 아론에게 가져오는 것으로써 표현했던 것입니다.

그러는 중에 이스라엘 공동체에 좋지 않은 사건이 발생했습니다. 레위 지파에 속한 몇 사람과 르우벤 지파에 속한 몇 사람이 주도하여 당을 지어 모세와 아론을 거스르며 도전을 한 것입니다(민 16:1). 하나님이 이스라엘 회중 전체에 계신데, 모세와 아론만 거룩하고 여호와의 총회위에 스스로 높이느냐고 말입니다(16:2, 3). 이스라엘의 지도자인 두 사람(모세와 아론)에게 도전한 것입니다. 이 사건은 민수기 16장 전체에 걸쳐서 다루어지고 있습니다만, 문제의 핵심은 레위인 중에서도 아론만 제사장 직분을 담당하는 것에 대한 몰이해와 자기들이 땅에서 얻은 소산을 아론에게 주는 것에 대한 불만에 있었습니다(16:8-11, 15, 16).

모세는 레위인이 이스라엘 회중과 구별하여 여호와의 성막에서 봉사하게 한 사람들이라는 것, 또 이것은 결코 작은 일이 아니라는 사실을 상기시킵니다(민 16:9). 하지만 동시에 하나님께서는 레위인 중에서 아론을 제사장으로 구별하셨으니 레위인들이 감히 구할 만한 직분은 아니라는 사실도 분명히 합니다(16:10, 11).

이 상황에서 모세는 하나님께서 레위인을 하나님께서 구별하신 지파로, 또 아론을 하나님께서 세우신 제사장이며, 그 직분을 감당하는 것이 목숨을 담보로 하는 것과 같은 중요한 일임을 보여야 했습니다. 먼저 하나님께서는 레위 지파를 나머지 열한 지파와 다르게 구별하셨음을 아론의 싹 난 지팡이로 증명하셨습니다(민 17:1-9). 또 이들이 성막에서 섬기는 것은 "성소에 대한 죄"를 감당하는 것임을 보이려고 아론에게 성막에서 활동의 중요성을 일러주셨습니다(18:1).

이전에 모세와 아론을 원망했던(민 16:6, 41) 사람들은 증거의 장막에서 지팡이로써 레위인과 아론을 구별하신 하나님을 보고는, 성막에서 여호와께 가까이 나가는 것이 죽을 만한 일임을 깨닫습니다. "여호와의 성막에 가까이 나아가는 자마다 다 죽사오니"(17:13), "우리는 죽게 되었나이다 망하게 되었나이다 다 망하게 되었나이다"라고 탄식합니다(17:12).

하나님은 백성들이 성막에 가까이 함으로 죽게 되는 것을 방지하려고, 그들 대신 성소에 대한 죄를 담당하는 제사장을 세우셨던 것입니다. 아론은 단순히 정치적인 지도자에 불과한 것이 아니라 백성들의 목숨을 대신하여, 그들의 죄를 담당하는 지도자였습니다. 레위인은 이와 같은 일을 하는 제사장을 돕는 사람들입니다. 그래서 제사장과 레위인만 성소의 직무를 하는 사람이고, 다른 사람들은 성막에 가까이 가지 못한다는 점이 분명해졌습니다(민 18:2-5). 그런 면에서 백성들이 볼 때, 레위인은 백성들이 하나님께 직접 나가 죽음을 당하지 않도록, 백성들을 위하여 성막에서 일하도록하신 하나님의 선물이며, 제사장 역시 제단과 성막안에서 모든 일을 하라고 백성들에게 주신 성물인 셈입니다(18:6, 7).

이렇게 하여 하나님께서는 제사장이 당연히 백성들에게 헌물과 거제를 받을 것을 분명히 하셨습니다. 말하자면 백성들은 자기들의 목숨 대신에 거제물을 제사장에게 바치는 셈입니다. "보라 내가 내 거제물 곧 이스라엘 자손이 거룩하게 한 모든 헌물을 네가 주관하게 하고…… 그것을 너와 네 아들들에게 영구한 몫의 음식으로 주노라"(민 18:8. 참조 18:19). 백성들이 하나님께 바친 것을 하나님께서 제사장에게 주신다는 것입니다.

동시에 하나님께서는 제사장을 돕는 레위인도 배려하셨습니다. 백성들이 낸 거제(즉, 드린 물품)를 하나님께서 받으시고는 그것을 다시 땅이 없는 레위인에게 주신 것입니다. 하나님 자신이 "레위인의 기업"이라고 말씀하신 것을 친히 지키시는 일환입니다. "이스라엘 자손이 여호와께 거제로 드리는 십일조를 레위인에게 기업으로 주었으므로 내가 그들에 대하여 말하기를 이스라엘 자손 중에 기업이 없을 것이라 하였노라"(민 18:24). 하나님께서는 기업의 땅이 없는 레위 지파를 기업의 땅이 있는 다른 지파들 안에 퍼져 살면서 다른 지파들의 도움을 받으며 살게 하셨습니다. 이런 방법으로써 하나님께서는, 열한 지파에게는 물리적인 땅이 그들의 기업이었지만, 레위인에게는 하나님이 자신이 친히 그들의 기업이 되심을 교훈하셨습니다.

두 번째 단락(민 18:25-29)에서는 백성들이 하나님께 십일조를 드리는 원칙이 레위인에게도 적용된다는 문제가 다뤄집니다. 백성들이 기업의 땅에서 얻은 것을 하나님께 십일조로 드리는 예는 십일조를 받는 레위인에게도 예외는 아니었습니다. 이스라엘 백성은 하나님께서 그들에게 주신 땅에서 경작한 것을 그 땅의 주인이신 하나님께 드렸습니다. "내가 이스라엘 자손에게 받아 너희에게 기업으로 준 십일조를 너희가 그들에게서 받을 때에 그 십일조의 십일조를 거제로 여호와께 드릴 것이라"(18:26). 레위인이 드리는 십일조는 제사장 아론에게 드리게 되는데(18:28), 이것을 여호와께 거제(예물)로 드리는 것으로 간주했습니다. "너희는 이스라엘 자손에게서 받는 모든 것의 십일조 중에서 여호와께 거제로 드리고 여호와께 드린 그 거제물은 제사장 아론에게로 돌리"라는 말이 그런 뜻입니다(18:28, 29). 말하자면, 레위인이 백성들이 드리는 십분의 일에서 아론에게 드린 십분의 일은 아론 제사장의 기업이었습니다. 이 최종 십분의 일은 "아름다운 것, 곧 거룩하게 한 부분"으로 여겨졌습니다(18:29a. 비교. 민 18:12-13).

세 번째 단락(민 18:30-32)은 아론에게 드리고 남은 십분의 구(아홉)를 성막이나 성전에서 봉사하는 레위인에게 주라고 가르칩니다(18:30). 한편, 그 십분의 구는 밭에서 생산되는 소출이 없는 레위인에게 "타작마당의 소출과 포도즙 틀의 소출"과 같은 비중이 있는 것으로, 다른 한편 그것은 레위인이 회막에서 일한 대가(보수)로 여겨졌습니다(민 18:31).[16]

그런데 본문(민 18:21-32)을 레위기 27:30-33에 언급된 십일조 교훈과 비교하면, 민수기 본문에서 흥미로운 사실 하나가 발견됩니다. 민수기 본문은 레위기 27장 본문에 언급된 내용과 다르게 십일조 규정을 타작마당의 곡물과 포도즙 틀의 소출 등 농산물에만 한정한다는 사실입니다(민 18:27, 30). 그리고 십일조는 레위인이 회막에서 일한 보수로 주는 것으로서 그들이 어디서든지 먹을 수 있다고 십일조의 가치를 설명하고 있다는 점입니다(18:31). 민수기 본문은 십일조의 목적이 성소에 있는 제사장과 레위인의 생계유지에 있음을 강조합니다. 여기서 십일조는 백성들이 하나님께 드린 것을 하나님이 받아 그것을 다시 레위인에게 주심으로써 땅이 없어 생계를 유지하지 못하는 레위인을 돌보는 수단으로 기능한다는 사실이 강조됩니다. 공동체 자체에서 시행되는 과정만 놓고 본다면, 십일조는 생계 수단을 구하지 못하는 레위인을 공동체의 보호에 맡겨 레위인의 생계를 돌보게 하는 방편이었습니다.[17]

민수기의 이 말씀은 후대에(심지어 신약시대에라도) 사역자들의 생활을 지원하라는 성경적인 근거가 됩니다. 특히 십일조가 레위인에게 "회막에서 일한 너희의 보수"라는 민수기 18:31 말씀은 예수님("일꾼이 그 삯을 받는 것이 마땅하니라"(마 10:9-10; 눅 10:7)과 바울("성전의 일을 하는 이들은 성전에서 나는 것을 먹으며 제단에서 섬기는 이들은 제단과

16) A. Noordtzij, *Numbers*, BSC (Grand Rapids: Zondervan, 1983), 165.

17) P. J. Budd, *Numbers*, WBC (Waco: Word Books, 1984), 206.

함께 나누는 것을 너희가 알지 못하느냐?" 고전 9:13; 딤전 5:18)에게 영향을 주었음에 틀림이 없습니다.[18)]

3) 중앙 성소에서 레위인과 함께 먹어 소비하는 십일조(신 12:4–19)

4 너희의 하나님 여호와께는 너희가 그처럼 행하지 말고
5 오직 너희의 하나님 여호와께서 자기의 이름을 두시려고 너희 모든 지파 중에서 택하신 곳인 그 계실 곳으로 찾아 나아가서
6 너희의 번제와 너희의 제물과 너희의 십일조와 너희 손의 거제와 너희의 서원제와 낙헌 예물과 너희 소와 양의 처음 난 것들을 너희는 그리로 가져다가 드리고
7 거기 곧 너희의 하나님 여호와 앞에서 먹고 너희의 하나님 여호와께서 너희의 손으로 수고한 일에 복 주심으로 말미암아 너희와 너희의 가족이 즐거워할지니라
8 우리가 오늘 여기에서는 각기 소견대로 하였거니와 너희가 거기에서는 그렇게 하지 말지니라
9 너희가 너희 하나님 여호와께서 주시는 안식과 기업에 아직은 이르지 못하였거니와
10 너희가 요단을 건너 너희 하나님 여호와께서 너희에게 기업으로 주시는 땅에 거주하게 될 때 또는 여호와께서 너희에게 너희 주위의 모든 대적을 이기게 하시고 너희에게 안식을 주사 너희를 평안히 거주하게 하실 때에
11 너희는 너희의 하나님 여호와께서 자기 이름을 두시려고 택하실 그 곳으로 내가 명령하는 것을 모두 가지고 갈지니 곧 너희의 번제와 너

18) Cole, *Numbers*, 297. 신약 본문의 의미는 신약에서 헌상의 의미를 다루는 장에서 자세히 설명하겠습니다.

희의 희생과 너희의 십일조와 너희 손의 거제와 너희가 여호와께서
원하시는 모든 아름다운 서원물을 가져가고
12 너희와 너희의 자녀와 노비와 함께 너희의 하나님 여호와 앞에서 즐
거워할 것이요 네 성중에 있는 레위인과도 그리할지니 레위인은 너희
중에 분깃이나 기업이 없음이니라
13 너는 삼가서 네게 보이는 아무 곳에서나 번제를 드리지 말고
14 오직 너희의 한 지파 중에 여호와께서 택하실 그 곳에서 번제를 드리
고 또 내가 네게 명령하는 모든 것을 거기서 행할지니라
15 그러나 네 하나님 여호와께서 네게 주신 복을 따라 각 성에서 네 마음
에 원하는 대로 가축을 잡아 그 고기를 먹을 수 있나니 곧 정한 자나
부정한 자를 막론하고 노루나 사슴을 먹는 것 같이 먹으려니와
16 오직 그 피는 먹지 말고 물 같이 땅에 쏟을 것이며
17 너는 곡식과 포도주와 기름의 십일조와 네 소와 양의 처음 난 것과 네
서원을 갚는 예물과 네 낙헌 예물과 네 손의 거제물은 네 각 성에서
먹지 말고
18 오직 네 하나님 여호와께서 택하실 곳에서 네 하나님 여호와 앞에서
너는 네 자녀와 노비와 성중에 거주하는 레위인과 함께 그것을 먹고
또 네 손으로 수고한 모든 일로 말미암아 네 하나님 여호와 앞에서 즐
거워하되
19 너는 삼가 네 땅에 거주하는 동안에 레위인을 저버리지 말지니라
(신 12:4-19).

본문에서는 십일조에 대해 다른 관점이 강조되고 있습니다. 하나님께서는 백성들에게 십일조를 어디로 가져다가 드리고 어디서 누구와 함께 먹을지를 자세하게 요구하십니다.

하나님께서는 이스라엘 백성들이 아직 가나안 땅에 들어가지 못한 상

황에서 지금까지 지내왔던 것과 다르게 요단강을 건너 안식의 땅에 들어갈 때 지켜야 할 규율을 제시하십니다. 지금까지는 이스라엘 백성들이 그들의 소견대로 아무 곳에나 제물을 가져가서 그것을 먹었습니다. 그런데 안식의 땅에 들어가게 되면 상황이 달라질 것입니다(신 12:8, 13, 14). 가나안 땅에서는 하나님께서 택하신 장소(성막이 있는 곳)가 그들의 예배와 제사와 성물을 드리고 소비하는 중심이 될 것입니다.

하나님께서는 이 상황을 가나안 여러 족속들이 행하는 것과 비교하여 설명하십니다. 가나안 족속들은 아무 곳에서나 제단을 쌓았습니다. 이스라엘 백성들이 가나안 족속들의 행습에서 영향을 받지 않으려면 약속의 땅에 들어가는 즉시 그들의 모든 제단과 신상들을 멸하고 불살라야 했습니다(신 12:2, 3). 이스라엘 백성은 하나님께서 예배하는 곳으로 지정하신 장소로 가서 그곳에서 제물을 드리고 거기서 음식을 먹어야 했습니다(12:5-7, 11, 14, 18, 26). 말하자면, 예배의 중앙화가 이루어질 것입니다. 이곳은 나중에 이스라엘 예배의 중심지인 예루살렘과 밀접한 관련이 있습니다.[19]

이 규례에 따르면, 이스라엘 백성은 일상적인 식사는 아무 데서나 그들이 원하는 곳에서 먹을 수 있었습니다(신 12:15). 하지만 십일조를 비롯하여 제물들은 반드시 중앙 성소로 가져가야 했고, 종교적인 의미가 있는 음식을 먹으려면 반드시 거기서 먹어야 했습니다. 이 내용을 설명한 6, 7절을 주목하십시오.

> 너희의 번제와 너희의 제물과 너희의 십일조와 너희 손의 거제와 너희의 서원제와 낙헌 예물과 너희 소와 양의 처음 난 것들을 너희는 그리로 가져다가 드리고 거기 곧 너희의 하나님 여호와 앞에서 먹고 너희의 하나님

---

19) J. C. Wilson, "Tithe," *The Anchor Bible Dictionary*, ed. by David Noel Freedman et al. (New York: Doubleday, 1992), 6:579.

여호와께서 너희의 손으로 수고한 일에 복 주심으로 말미암아 너희와 너희의 가족이 즐거워할지니라(신 12:6, 7).

본문에는 중앙 성소에 가져가 그 곳에서만 먹어야 할 음식이 소개되었는데, 다른 것은 제쳐두고, 십일조와 관련하여 본문에서 독특하게 가르치는 내용은 이것입니다. 백성들은 자기네 집이 중앙 성소로부터 아무리 먼 곳에 있다고 해도, 십일조(에 해당하는 음식)는 반드시 중앙 성소로 가져가서 드리고, 그곳에서 온 가족이 먹고 즐거워해야 했습니다. 그 곳은 여호와께서 계신 곳이기 때문입니다(신 12:5). 백성들이 여호와를 찾아뵙는 방법이 이것이었습니다. 메릴(Eugene Merrill)은 이 행위를 백성이 "언약적으로 하나가 되었음을 표출하는 상징"(a symbol of covenant oneness)이라고 해석합니다.[20]

그런데 레위기와 민수기에서는 십일조가 레위인에게 바치는 것이라고 했는데, 본문에서는 십일조를 드리는 사람이 중앙 성소에서 먹어 없애는 것이라고 한 것에 대해 고개를 갸우뚱할 사람이 있을 것입니다. 이상하게 생각할 필요가 없습니다. 우리는 성경을 읽어가면서 십일조에 대한 내용을 조금씩 새롭게 배웁니다. 본문(신 12:4-19)은 레위기와 민수기에 언급된 십일조와 다른 용도로 사용되는 십일조를 소개하거나 십일조를 다른 관점에서 설명합니다. 본문은 십일조를 어디에 가져가야 할지(중앙 성소에!)와 십일조의 용도 중에서 십일조를 드리는 사람과 레위인의 관계를 설명해주는 데 초점을 맞춥니다. 이 내용은 17-19절에 구체적으로 설명되었습니다.

너는 곡식과 포도주와 기름의 십일조와 네 소와 양의 처음 난 것과 네 서원을 갚는 예물과 네 낙헌 예물과 네 손의 거제물은 네 각 성에서 먹지

---

20) Eugene H. Merrill, *Deuteronomy*, NAC 4 (Nashville: Broadman & Holman, 1994), 226.

말고 오직 네 하나님 여호와께서 택하실 곳에서 네 하나님 여호와 앞에서 너는 네 자녀와 노비와 성중에 거주하는 레위인과 함께 그것을 먹고 또 네 손으로 수고한 모든 일로 말미암아 네 하나님 여호와 앞에서 즐거워하되 너는 삼가 네 땅에 거주하는 동안에 레위인을 저버리지 말지니라 (신 12:17-19).

이 본문에서 관찰할 수 있는 내용은 이것입니다.

첫째, 자기 집에서 먹어서는 안 되고 반드시 여호와께서 택한 곳으로 가져와 그곳에서 먹어야 하는 음식이 열거되었습니다. 곡식과 포도주와 기름의 십일조, 소와 양의 처음 난 것(레 27:26, 27; 민 18:17), 서원을 갚는 예물과 거제물(레 27:1-25)이 여기에 해당합니다.

둘째, 그곳에서 이 성물들을 먹는 것은 여호와 앞에서 먹는 것으로 간주됩니다.

셋째, 그 음식은 자녀와 노비와 중앙 성소가 있는 곳에 살고 있는 레위인과 함께 먹어야 합니다.

넷째, 그 음식을 먹으면서 그것을 얻기 위해 수고한 보람을 가지며 여호와 앞에서 즐거워해야 합니다.

다섯째, 이런 일을 행하면서 레위인을 저버리지 말아야 한다는 사실을 상기해야 합니다.

특히 우리의 주목을 끄는 부분은 맨 마지막에 언급된 "네 땅에 거주하는 동안에 레위인을 저버리지 말지니라"(신 12:19)라는 말씀입니다. 특별히 십일조로 드리는 음식을 레위인과 함께 먹고 마시는 것은 레위인들이 그 땅에서 분깃이나 기업이 없다는 사실에 근거합니다. 하나님께서는 그분이 택하신 중앙 성소에서 음식을 먹는 문제를 말씀하시는 중에 분깃과 기업이 있는 백성(열한 지파)과 분깃과 기업이 없는 레위 지파를 구별하시면서, 백성들이 레위인들을 위해 평생 지킬 규례를 알리십니다. "너희와 너희의 자녀와 노비와 함께 너희의 하나님 여호와 앞에서 즐거워할 것이요 네 성중에 있는 레위인과도 그리할지니 레위인은 너희 중에 분깃이나 기업이 없음이니라"(12:12).

신명기 본문에서도 민수기 18장에서와 마찬가지로 십일조는 농산물에 한정하고, 다른 소득이나 재산에 대한 설명이 없습니다. 이것은 당대의 십일조가 식료품과 관련되어 있고, 그것도 백성들이 아니고는 다른 곳에서 식료품의 문제를 해결하지 못하는 레위인을 생각하라는 의미를 드러내려는 데 본문의 강조가 있다는 것을 방증합니다. 백성들이 공동식사 하는 것을 짐으로 여기지 않고 기쁘게 감당할 수 있었던 것은 "네 하나님 여호와 앞에서 너는 네 자녀와 노비와 성중에 거하는 레위인과 함께 그것을 먹고 또 네 손으로 수고한 모든 일을 인하여 네 하나님 여호와 앞에서 즐거워하라"는 말씀 때문입니다(신 12:18). 여기에 레위인과 아울러 언급된 "노비"는 사회적으로 지위가 낮고 경제적으로 가난한 사람들입니다.

십일조 사용과 관련한 신명기 12장은 땅에서 먹을 것을 얻는 사람은 추수 때가 되어 당사자만 추수한 것으로 즐거워하지 말고, 가난한 사람들과 그것을 나누며 함께 즐거워하라는 구제와 사랑을 실천하라는 것을 강조합니다. 소출의 십분의 일을 하나님께 드리고 그것을 레위인을 비롯한 가난한 사람들과 함께 소비하는 것은 가난한 사람들을 돌보시는 하나님의 사랑을 공동체에 실천하는 구체적인 행동입니다. 그들은 하나님 앞에서 언약으로 하나가 된 백성입니다.

아래 두 구절은 "십일조"와 관련이 없는 본문이지만 방금 우리가 살펴본 신명기 12장의 정신을 잘 반영하고 있습니다.

> 너와 네 자녀와 노비와 네 성중에 있는 레위인과 및 너희 중에 있는 객과 고아와 과부가 함께 네 하나님 여호와께서 자기의 이름을 두시려고 택하신 곳에서 네 하나님 여호와 앞에서 즐거워할지니라(신 16:11).

네가 밭에서 곡식을 벨 때에 그 한 뭇을 밭에 잊어버렸거든 다시 가서 가져오지 말고 나그네와 고아와 과부를 위하여 남겨두라 그리하면 네 하나님 여호와께서 네 손으로 하는 모든 일에 복을 내리시리라(신 24:19).

이 내용은 신명기 14장에서 더욱 강조되고 있습니다.

4) 기업이나 분깃이 없는 사람들을 돌보는 수단인 십일조(신 14:22-29)

22 너는 마땅히 매 년 토지 소산의 십일조를 드릴 것이며
23 네 하나님 여호와 앞 곧 여호와께서 그의 이름을 두시려고 택하신 곳에서 네 곡식과 포도주와 기름의 십일조를 먹으며 또 네 소와 양의 처음 난 것을 먹고 네 하나님 여호와 경외하기를 항상 배울 것이니라
24 그러나 네 하나님 여호와께서 자기의 이름을 두시려고 택하신 곳이 네게서 너무 멀고 행로가 어려워서 네 하나님 여호와께서 그 풍부히 주신 것을 가지고 갈 수 없거든
25 그것을 돈으로 바꾸어 그 돈을 싸 가지고 네 하나님 여호와께서 택하신 곳으로 가서
26 네 마음에 원하는 모든 것을 그 돈으로 사되 소나 양이나 포도주나 독주 등 네 마음에 원하는 모든 것을 구하고 거기 네 하나님 여호와 앞에서 너와 네 권속이 함께 먹고 즐거워할 것이며
27 네 성읍에 거주하는 레위인은 너희 중에 분깃이나 기업이 없는 자이니 또한 저버리지 말지니라
28 매 삼 년 끝에 그 해 소산의 십분의 일을 다 내어 네 성읍에 저축하여
29 너희 중에 분깃이나 기업이 없는 레위인과 네 성중에 거류하는 객과 및 고아와 과부들이 와서 먹고 배부르게 하라 그리하면 네 하나님 여호와께서 네 손으로 하는 범사에 네게 복을 주시리라
(신 14:22-29).

신명기 14:22-29에서는 신명기 12장 내용이 반복되었습니다. 매년 토지 소산의 십일조를 드리라는 것, 토지 소산에는 곡식과 포도주와 기름의 십일조 이외에 소와 양의 처음 난 것을 여호와께서 택하신 곳으로 가져와 거기서 먹으라는 것, 그렇게 함으로써 여호와 경외하기를 배우라는 것 등입니다(신 14:22, 23). 이러한 일련의 행위는 이스라엘 백성이 하나님의 언약 백성으로서 정기적으로 언약을 갱신하는 절차와 맥을 같이 합니다. 이스라엘 백성들은 해마다 정해진 절기가 되면 하나님 앞에 소산의 십분의 일을 드림으로써 왕이신 하나님께 그분의 주권을 인정하고 그분의 명령에 복종하고 있다는 것을 표현합니다. 이와 아울러 그들은 크신 왕이 자기를 섬기는 사람들에게 생계를 넉넉하게 지원했음을 고백하기도 합니다.[21]

십일조와 관련한 14장의 교훈은 12장의 그것과 비슷한데, 12장과 다르게 14장에서는 현물을 중앙 성소에 가져갈 수 없는 경우에 대하여 설명합니다. 중앙 성소로부터 먼 곳에 사는 사람들에게는 먹을 것들을 현물로 가져오는 불편을 덜어주려고 소비할 곡식들을 돈으로 바꾸는 것이 허용되었습니다. 하지만 그럴 경우라도 반드시 중앙 성소에 와서 그 액수만큼 음식물을 구입하고 하나님께서 지정한 장소에서 그 음식을 먹어야 했습니다. 이스라엘 백성들은 자기 가족끼리만 음식을 먹는 것이 아니라 소득이 없는 레위인을 잊지 말고 그들과 함께 먹어야 했습니다. 레위인에게는 분깃이나 기업이 없다는 것이 그 이유입니다(신 14:24-27).

십일조가 스스로의 힘으로 생계를 꾸려가기가 어려운 사람을 돕는 것을 목적으로 하기 때문에, 십일조는 음식 소비 위주로 드려졌습니다. 중앙 성소에서 먼 곳에 거주하는 사람이 거주지에서 곡식의 십일조에 해당하는 것을 돈으로 바꾸고, 그 돈으로 다시 중앙 성소에서 먹을 것을 구입

---

21) Merrill, *Deuteronomy*, 239-40.

하는 물품들은 식료품들입니다. 본문에 물품 목록이 구체적으로 언급되었습니다. 소나 양, 포도주나 독주 등이 그것입니다. 하지만 짐작컨대, 이외에도 식사용이라면 십일조를 가져온 사람이 자기 마음에 원하는 것을 무엇이든 구입할 수 있었을 것입니다(신 14:26). 십일조는 그것을 가져온 사람이 여호와 앞에서 식구들과 함께 즐거이 먹으며 소비해야 했습니다. 레위인을 저버리지 말라는 내용을 기억하면서 말입니다(14:27, 29).

본문 자체만 놓고 보면 "레위인을 저버리지 말라"는 말은 십일조를 가져온 사람들이 식구와 함께 식사를 할 때 레위인과 함께 식사하라는 의미로 해석됩니다(신 12:17-19. 비교. 신 12:20-22, 26-27). 여기서 우리는 십일조가 어떤 면에서 레위인에게 모두 줘버리는 세금이 아니라 십일조를 드리는 사람이 중앙 성소에 머무는 동안 레위인과 함께 먹어 소비해 버리는 음식 나눔의 성격이 크다는 것을 알 수 있습니다.

만일 그러하다면, 이것은 십일조를 레위인에게 "다 주고" 그것을 회막에서 일하는 "보수"로 준다고 말한 민수기의 말씀과 모순되는 것 같아 보입니다(민 18:21, 31). 레위인과 함께 먹는 십일조(신 12, 14장)가 레위인에게 다 주어버리는 십일조(민 18장)와 같은 십일조인지 아니면 다른 종류의 십일조인지는 본문에 명확하게 언급되지 않았습니다. 추측하건대, 본문의 십일조는 틀림없이 앞에서 언급한 십일조와 다른 종류의 십일조였을 것입니다. 유대인들도 사람들이 최소한 두 개의 서로 다른 예물을 드렸다는 것으로 이 모순을 해결하려 합니다. 이럴 가능성이 큽니다. 하지만 이 사실 이외에 고려해야 할 것이 있다고 생각합니다. 그것은 민수기 18장의 십일조는 레위인과 제사장의 관점에서 십일조를 다루고, 신명기 14장은 이스라엘 국가 전체의 관점에서 본 십일조를 다루고 있다는 것입니다.[22]

---

22) Mark F. Rooker, *Leviticus*, NAC 3A (Nashville: Broadman & Holman, 2000), 328과 각주 19.

먹어 없애는 십일조를 소득이 없는 레위인과 함께 나눠 먹는 풍습은 매 삼 년마다 "가난한 사람들"을 초대하여 먹게 하는 십일조로 확대되었습니다. 신명기 14:28-29에 언급된 십일조가 바로 그것입니다.

28 매 삼 년 끝에 그 해 소산의 십분의 일을 다 내어 네 성읍에 저축하여
29 너희 중에 분깃이나 기업이 없는 레위인과 네 성중에 거류하는 객과 및 고아와 과부들이 와서 먹고 배부르게 하라 그리하면 네 하나님 여호와께서 네 손으로 하는 범사에 네게 복을 주시리라.

이스라엘 백성들은 매 삼 년 끝에 "그 해 추수한 것의 십분의 일" 성중에 거주하는 나그네, 아버지가 없는 아이들(고아), 남편이 없는 여자들(과부들)에게 주어 먹게 해야 합니다. 이런 목적의 십일조는 중앙 성소로 가져가지 않고 자기 마을에서 소비해야 했습니다(14:28). 여기 열거된 3년마다 드리는 십일조는 공동체가 사회보장의 형식으로 가난한 사람들의 복지를 책임지게 하는 규례로 이해됩니다.[23] 요즘 말로 하면 구제입니다. 이것을 제삼의 십일조라고 칭하는데, 이런 유의 십일조에 대해서는 신명기 26:12-15에 좀 더 자세하게 명기되었습니다.

지금까지 살펴본 율법에서 요구하는 십일조의 종류와 방식을 다음과 같이 정리할 수 있을 것입니다.

첫째, 일반적인 십일조(제일의 십일조). 이것은 이스라엘이 가나안 땅을 사용한 대가로, 또 가나안 땅이 거룩하고 자신들이 거룩한 백성인 것처럼 소산물 중에서 거룩한 것(성물)을 구별하는 행위입니다(레 27:30-33). 백성들이 이것을 하나님께 드리면, 하나님은 이것을 기업이나 분깃이 없는 레위인에게 기업으로 주셨습니다(민 18:21).

---

23) P. C. Craigie, *The Book of Deuteronomy*, NICOT (Grand Rapids: Eerdmans, 1976), 234.

둘째, 레위인들과 함께 먹는 거룩한 음식의 십일조(제이의 십일조). 이 십일조는 레위인에게 전부 주는 제일의 십일조와는 다르게 십일조를 내는 사람이 중앙 성소에 와서 레위인과 함께 먹어서 소비하는 식사의 의미가 있습니다(신 14:22-27).

셋째, 매 삼 년마다 가난한 자들에게 주는 십일조(제삼의 십일조). 이것은 성읍에 사는 무의탁 주민(가난한 자들)을 돌보기 위해 마련한 일종의 공동체 구제 헌금에 해당합니다(신 14:28-29; 26:12-15).

이러한 가르침으로부터 우리는 십일조가 처음부터 열한 지파가 레위 지파에 속한 사람을 먹여 살리는 것을 주된 목적으로 제도화되었을 것이라고 결론을 내릴 수 있습니다.

십일조를 레위인을 위해 사용하든지, 아니면 가난한 사람들을 위해 사용하든지 간에 율법에 명기된 십일조 의무를 잘 지키려면 이태 동안은 해마다 소산의 10분의 2를 드려야 했고, 삼 년마다 소산의 10분의 3을 드려야 했습니다. 백성들이 이와 같은 복지를 잘 실현한다면 하나님께서 이스라엘 백성에게 복을 주실 것입니다(신 14:29).

5) 가난한 자를 위해 사용되는 십일조(신 26:12-15)

신명기 26:12-15에는 삼 년에 한 번 레위인을 비롯하여 그 지역의 나그네와 가난한 자들을 먹이는 데 사용되는 십일조가 소개되었습니다.

이것은 신명기 14:28, 29에서 가르치는 내용과 동일합니다. 본문의 의미를 알기 위해서는 26장에 서술된 내용을 알 필요가 있습니다. 이스라엘 백성은 첫 추수절에 토지의 모든 소산을 거둔 후 그것을 광주리에 담고 여호와께서 택하신 곳으로 가져왔습니다. 그러고 나서 몇 가지 내용을 신앙으로 고백합니다. 여호와께서 맹세하여 주신 땅에 와서 손에

들고 있는 농산물을 얻었으며(신 26:3, 4), 애굽에서 학대 받고 중노동에 시달리던 조상들을 하나님께서 이끌어 내어 이 땅 곧 젖과 꿀이 흐르는 땅을 주셨다고 말입니다(26:5-9).

이 의식은 신명기 14장에 언급된 내용처럼 하나님과 이스라엘 백성 사이에 체결된 언약을 재확인하는 언약 갱신 의식과 관련이 있습니다.[24)] 백성들이 첫 추수절에 이처럼 십일조 소산을 가져오는 것은 "여호와가 우리의 절대적 소유자이심"을 고백하는 행위였습니다(참조. 레 5:15, 16; 19:24; 27:28). 백성들은 이처럼 신앙을 고백하면서 가져온 토지의 소산을 레위인과 나그네와 가난한 자들과 함께 먹으며 즐거워해야 했습니다(신 26:10, 11). 이 행위는 여호와께 경배하는 표시였습니다.

26장에는 계속해서 제삼의 십일조을 어떻게 드리며 그 때 어떤 행동을 하는지가 설명되었습니다. 이것은 앞서 언급한 제일의 십일조와 제이의 십일조를 드리기를 끝낸 후에 드리는 십일조에 해당합니다. 본문은 다음과 같습니다.

> 12 셋째 해 곧 십일조를 드리는 해에 네 모든 소산의 십일조 내기를 마친 후에 그것을 레위인과 객과 고아와 과부에게 주어 네 성읍 안에서 먹고 배부르게 하라
> 13 그리 할 때에 네 하나님 여호와 앞에 아뢰기를 내가 성물을 내 집에서 내어 레위인과 객과 고아와 과부에게 주기를 주께서 내게 명령하신 명령대로 하였사오니 내가 주의 명령을 범하지도 아니하였고 잊지도 아니하였나이다
> 14 내가 애곡하는 날에 이 성물을 먹지 아니하였고 부정한 몸으로 이를 떼어두지 아니하였고 죽은 자를 위하여 이를 쓰지 아니하였고 내 하

---

24) Merrill, *Deuteronomy*, 335. 또한 J. G. McConville, *Law and Theology in Deuteronomy*, JSOTSup 33 (Sheffield: JSOT, 1984), 72.

나님 여호와의 말씀을 청종하여 주께서 내게 명령하신 대로 다 행하
였사오니
15 원하건대 주의 거룩한 처소 하늘에서 보시고 주의 백성 이스라엘에게
복을 주시며 우리 조상들에게 맹세하여 우리에게 주신 젖과 꿀이 흐
르는 땅에 복을 내리소서 할지니라(신 26:12–15).

본문에 따르면, 삼 년마다 그 해 소득의 십분의 일은 같은 마을("네 성읍")에 사는 "가난한 사람들(레위인과 객과 고아와 과부)"에게 주어 그들이 먹어 배부르게 하는 데 사용해야 했습니다. 그리고 하나님 앞에서 "하나님께서 명령하신 것을 다 지켰다"고 선언하고 복을 내리기를 구하였습니다(신 26:13–15). 이러한 선언은 성소가 아니라 자기가 사는 지역에서 행해졌는데, 추측컨대 자기 집에서 이러한 선언을 한 것으로 생각됩니다.

이 선언에는 다음과 같은 내용이 포함되어 있습니다.

첫째, 자기가 삼 년마다 드리는 십일조와 관련된 율법을 행했다는 것(26:13b, 14d).

둘째, 자기가 개인적으로 그것을 쓸 수 있는 상황("애곡하는 날")에도 이 성물을 개인적으로 사용하지 않았다는 것(26:14a).

셋째, 부정한 몸으로 그 십일조에서 일부를 떼어두지 않고 온전하게 가져왔다는 것(26:14b).

넷째, 그 십일조를 죽은 자를 위하여 사용하지 않았다는 것(26:14c),

다섯째, 주께서 이스라엘과 가나안 땅에 복을 주실 것(26:15) 등입니다.

특히 14절에 언급된 십일조를 "죽은 자를 위하여 쓰지 않았다"는 고백의 내용이 정확히 무엇을 의미하는지에 대해서는 학자들 사이에 일치된 의견이 없습니다. 그렇지만, 이것이 의식상 정결하지 않은 상태에서 드

린 것이 아니라는 것을 가리킨다는 폰라트의 제안이 타당성이 있다고 생각됩니다(참조. 호 9:24; 학 2:13).[25] 어찌 되었든지 고백자는 가난한 사람들을 위하여 사용되는 십일조를 어떤 유든 개인 용도로 떼어놓지 않고 온전하게 가져와서 그들에게 주었다고 고백합니다.

여기서 신명기 저자는 이스라엘 백성이 십일조를 드림으로써 율법을 성취할 수 있다고 말합니다. 이것은 일종의 하나님과 언약을 맺은 이스라엘이 하나님께서 요구하시는 언약적 의무를 다했다는 고백으로 생각됩니다. 이스라엘 백성은 부자나 가난한 자나 모두 하나님의 구원(출애굽)을 경험한 사람들입니다. 모든 이스라엘 백성은 하나님께서 약속하신 가나안 땅에서 기업의 산물인 땅의 소산을 먹습니다. 더욱이 그들은 동일하게 애굽에서 중노동에 시달렸던 노예들이었습니다. 이제 그들은 함께 식사를 하면서 자유를 얻고 땅의 소산을 먹게 된 상황에서 모두가 한 공동체라는 것을 상기해야 했습니다. 이것이 "주께서 내게 명령하신 명령대로 하였다"는 신앙고백으로 이어졌습니다(신 26:13).

말하자면, 십일조를 드리는 사람은 그것으로써 토지와 관련하여 하나님에 대한 사랑과 이웃에 대한 사랑 등 율법을 지켜야 하는 의무를 다했다고 생각한 것입니다. 이스라엘 백성은 이웃을 사랑함으로써 하나님과 그들의 관계가 올바르다는 것을 입증하며, 그들이 하나님과 한 약속을 지킴으로써 하나님께서 그들이 드린 기도에 응답하신다는 확신을 얻을 수 있었습니다.[26]

지금까지 설명한 모세오경의 십일조 제도에 관한 내용을 간추려봅시다. 모세오경에는 십일조에 대하여 약간씩 다르게 언급되었습니다.

레위기(27:30-33)에는 십일조에 곡식과 가축이 포함되는 반면, 민수

25) G. von Rad, *Deuteronomy*, OTL (London: SCM, 1966), 160. 특히, "죽은 자를 위하여 쓰지 아니하였다"라는 말은 죽은 자에게 주기 위해 무덤에 음식을 넣는 행위이거나(von Rad) 바알 숭배를 가리키는 행위를 가리킬 것입니다(Craigie).

26) Craigie, *Deuteronomy*, 325.

기(18:30)와 신명기(12:17; 14:23)에는 십일조의 품목이 땅에서 생산되는 농산물에 국한되었습니다. 하지만 두 경우 모두 부분으로써 전체를 대표한다는 원리(pars pro toto)가 적용되었습니다. 그가 자기 땅이 아니라 하나님의 땅에서 농사지어 땅 주인이신 하나님께 자기의 소유 전체를 돌려준다는 사실이 바로 그것입니다.

또한 십일조는 땅을 기업으로 받지 못한 사람(레위인)이나 땅은 있어도 그곳에서 나는 소출을 먹지 못할 만큼 가난한 사람들(나그네, 고아, 과부)에게 하나님께 드릴 것을 그들에게 주어 먹게 하는 제도였습니다(민 18:30-31; 신 12:18-19; 14:29; 26:12). 이것은 이스라엘 공동체가 나눔을 통해 더불어 사는 삶을 실천하는 것을 의미했습니다. 제사장과 레위인은 소득이 없는 사람들과 같은 처지에 있는 사람들로 인식되었습니다.

신명기는 이스라엘에게 십일조를 여호와께 드릴 때 가난한 자들과 함께 먹어 소비하는 것으로써 여호와를 경외하는 법을 배우라고 가르칩니다(신 14:23). 이스라엘 백성은 십일조 제도를 실행함으로써 자신들이 하나님께 속한 공동체라는 사실을 상기했습니다(신 8:2, 11, 14, 18; 12:6, 12, 18; 14:23; 16:3; 26:10, 13-15). 이런 의미에서 십일조 제도는 이스라엘이 하나님의 언약 백성인 표로 행할 행동 중의 하나였습니다(신 14:2, 21; 26:18; 27:9, 10; 28:9, 10). 십일조의 정신을 알고 지키는 것은 율법의 핵심 내용인 이웃 사랑을 구체적으로 실천하는 것입니다.

3. 율법 이후에 명기된 예: 역사서와 선지서

모세오경은 이스라엘 백성들이 가나안 땅에 들어가서 살기 전에 받았던 율법 내용을 기록한 책입니다. 그 후 정작 그들이 가나안 땅에 살면서 그 땅에서 농사를 지으면서 율법에 명기된 십일조를 실제 생활에서 어떻게 실천했는지에 관한 내용은 구약성경에 그다지 많이 언급되지 않습니다. 다만 역사서와 선지서 몇 곳에 이스라엘 역사 중에 십일조가 실행된 예가 기록되었습니다. 사무엘상 8:15, 17; 역대하 31:5, 6, 12; 느헤미야 10:37, 38; 12:44-47; 13:5, 12; 아모스 4:4; 말라기 3:8-10 등이 해당 본문들입니다. 이 본문들에는 십일조라는 용어가 언급되었든지 십일조와 관련한 이스라엘 백성들의 삶과 이해가 반영되었습니다.

이 본문들에서 우리는 율법으로 주어진 십일조 제도를 이스라엘 백성들이 실제로 가나안 땅에서 어떻게 구체적으로 시행했는지를 읽을 수 있습니다. 이스라엘 백성은 정말로 모세오경에 언급된 십일조 제도의 의미를 잘 깨닫고 그대로 시행했을까요? 그들의 문제가 무엇이었을까요? 해당 본문을 하나씩 고찰해 보겠습니다.

1) 왕들이 백성들에게 짐을 지우는 십일조(삼상 8:15-17)

본문은 이스라엘 백성들이 이스라엘에 정치적인 최고 통치자를 갖고 싶다고 "왕"을 세워달라고 요구하는 것에 대해 사무엘이 왕을 둘 경우 온 나라가 감수해야 할 희생을 소개하는 맥락에 들어 있습니다(삼상 8:1-18). 사무엘은 백성들에게, 왕이 등극하게 되면 왕은 예전처럼 백성들을 노예로 삼고 왕 자신의 개인적인 일을 시키느라 남녀 모두를 종처럼 부리게 될 것이라고 경고합니다. 백성들은 틀림없이 견디다 못해 자기들이 선택한 왕 때문에 하나님께 부르짖을 것이고, 그때에는 하나님도 그들의 부르짖음을 듣지 않으실 것이라는 사실을 일깨웁니다. 이 상황에서 왕의 횡포가 십일조와 관련하여 소개되었습니다.

15 그가 또 너희의 곡식과 포도원 소산의 십일조를 거두어 자기의 관리와 신하에게 줄 것이며
16 그가 또 너희의 노비와 가장 아름다운 소년과 나귀들을 끌어다가 자

기 일을 시킬 것이며
17 너희의 양 떼의 십분의 일을 거두어 가리니 너희가 그의 종이 될 것이
라(삼상 8:15-17).

왕은 백성에게서 땅의 소산물(곡식과 포도)과 가축 중에서 십분의 일을 취할 게 틀림없습니다. 여기서 왕이 백성에게 취할 십일조가 의당 하나님께로 돌아가야 할 십일조를 가로채는 것인지, 아니면 종교적인 십일조 이외에 또 다른 십일조를 세금 명목으로 떼어가는 지는 분명하게 서술되지 않았지만, 후자에 속할 가능성이 큽니다.

이 구절에 따르면, 그 동안 십일조는 백성들이 짐으로 여겨지거나 세금으로 인식되지는 않았다는 것을 알 수 있습니다. 하지만 사무엘은 왕권 제도를 도입하게 될 경우 해마다 평균적으로 성전에 내는 10분의 2.33 분량의 십일조 이외에 과중한 정치적인 세금으로 인해 백성들은 큰 부담을 지게 될 것이며, 그것은 거의 왕의 노예로 전락하는 거나 다를 바 없다고 설명합니다. 사무엘이 지적한 것처럼, 왕이 백성들의 농산물이나 가축에서 십분의 일을 거두어들이는 것은 고대 여러 나라에서 관례화되어 있던 시민세(市民稅)에 해당합니다만,[27] 이제부터 "십일조"는 백성들에게 무거운 짐으로 여겨지는 세금으로 이해되었을 게 틀림이 없습니다.

그러므로 말할 필요도 없이 본문에 언급된 십분의 일은 모세오경에서 레위인이나 가난한 사람들을 위해 사용하는 십일조와 아무 관계도 없을 뿐더러 레위인에게 십분의 일을 다 드리는 종교적인 의미를 지니는 것과 질적으로 다른 십일조입니다. 본문에 언급된 십분의 일을 드리는 것은 창세기 14장의 경우처럼, 백성이 왕의 신하라는 것을 표시하는 정치적인

---

27) 이렇게 되면 백성들은 10분의 3.33 분량을 종교세와 시민세 명목으로 지출해야 하는데, 누가 보더라도 이것은 백성들에게 과중한 짐이었을 것입니다. Robert D. Berger, 1, 2 Samuel, NAC 7A (Nashville: Broadman & Holman, 1996), 118; Ralph W. Klein, *1 Samuel*, WBC (Waco: Word Books, 1983), 77. 아모스 선지자는 가난한 자에게서 과중한 세금을 취하는 왕들에 대해 비난했습니다(암 5:11).

의미를 지니는 일종의 세금입니다. 왕이야 백성들에게 복종과 세금(나라 살림의 후원) 목적으로 십분의 일을 거두겠지만, 백성들이 받았을 심적, 물리적 압박은 심각했을 것입니다.

2) 다시 레위인을 기억한 십일조(대하 31:4-6, 12)

역대하 31장은 주전 715년 경 히스기야 왕이 행한 종교개혁을 언급합니다.[28] 유다 왕 히스기야는 오랫동안 사람들에게서 버려졌던 성전을 수리하고 성전이 다시 원래 기능을 수행하도록 개혁을 시도했습니다.

당시 성전은 더러운 것으로 가득 찼고, 낭실 문은 닫혀 있었으며 성막의 등불은 꺼졌고 분향도 그쳤고 번제도 드려지지 않았습니다(대하 29:3-7). 히스기야는 성전을 깨끗하게 정돈하여 드디어 성전에서 각종 제사를 드리고(29:20-36), 유대인들의 민족의 자존심인 유월절을 지켰습니다(30:1-27). 계속해서 히스기야는 자기 직무를 잊고 있던 제사장들과 레위인들에게 각각 그들의 직임을 행하라고 독려했습니다(31:2, 3). 마지막으로 히스기야는 백성들에게 제사장들과 레위인에게 주어야 할 음식의 몫을 주어 이들이 "여호와의 율법을 힘쓰게 하라"고 명령했습니다(31:4).

히스기야가 수행한 개혁은 새로울 것이 없고 전부터 있어왔던 것을 회복하는 것에 지나지 않았지만(예컨대, 레 27장; 민 18:20-32; 신 12:15, 16; 14:24),[29] 그 동안 종교적인 의미의 십일조가 백성들에게서 잊혀졌다는 것을 본문에서 읽을 수 있습니다. 백성들은 히스기야의 명령

28) 히스기야는 주전 715-687년에 유다의 왕으로 재임했습니다. 그가 왕이 된지 첫째 해에 종교개혁을 시작했으니(대하 29:3), 우리가 탐구하는 본문의 사건이 발생한 시기를 주전 715년으로 잡을 수 있습니다. J. A. Thompson, *1, 2 Chronicles*, NAC 9 (Nashville: Broadman & Holman, 1994), 342.

29) H. G. M. Williamson, *1 and 2 Chronicles*, NCB (Grand Rapids: Eerdmans, 1982), 374-75

을 듣고 다섯 달 동안 소산의 첫 열매들과 십일조를 가져왔습니다. 가져온 농산물이 많아 여러 더미를 쌓았습니다(대하 31:7). 이 때 백성들이 십일조를 가져온 이야기를 담고 있는 것이 4-6절의 내용입니다.

4 또 예루살렘에 사는 백성을 명령하여 제사장들과 레위 사람들 몫의
음식을 주어 그들에게 여호와의 율법을 힘쓰게 하라 하니라
5 왕의 명령이 내리자 곧 이스라엘 자손이 곡식과 포도주와 기름과 꿀
과 밭의 모든 소산의 첫 열매들을 풍성히 드렸고 또 모든 것의 십일조
를 많이 가져왔으며
6 유다 여러 성읍에 사는 이스라엘과 유다 자손들도 소와 양의 십일조
를 가져왔고 또 그들의 하나님 여호와께 구별하여 드릴 성물의 십일
조를 가져왔으며 그것을 쌓아 여러 더미를 이루었는데(대하 31:4-6).

백성들은 히스기야의 요구에 따라 제사장들이나 레위인이 먹고 남음이 있을 정도로(5, 10절) 자신들의 소산의 십분의 일을 가져왔습니다.[30] 히스기야가 개혁을 하면서 백성들에게 십일조를 가져오라고 분부한 것이나 레위인들이 자기의 직임을 행하지 않았던 것으로 미루어, 우리는 이스라엘 역사에서 한 동안 십일조와 성전과 레위인들이 백성들의 무관심 속에 있었을 것이라고 추론할 수 있습니다. 이 말은 레위인들이 그 전에 백성들에게 잊혀진 채 가난에 허덕였다는 것을 의미합니다.

이런 의미에서 본문에 언급된 십일조는 레위인의 생활에 직접적으로 영향을 주는 생계비 지원에 해당하는 제일의 십일조로 여겨집니다. 백성들은 다시금 레위인을 기억하고 그들이 성전 일에 전념할 수 있도록 생계를 지원해야 했습니다.

---

30) R. B. Dillard, *2 Chronicles*, WBC (Waco: Word Books, 1987), 250.

역대하 31:12는 백성들이 다섯 달 동안 가져와 쌓인 십일조가 레위인들이 충분히 먹고도 남은 뒷이야기를 전해줍니다. 나중에 히스기야가 쌓여 있는 더미에 대해 물었습니다. 대제사장 아사랴가 히스기야 왕에게 이렇게 대답합니다. "백성이 예물을 여호와의 전에 드리기 시작함으로부터 우리가 만족하게 먹었으나 남은 것이 많으니 이는 여호와께서 그의 백성에게 복을 주셨음이라 그 남은 것이 이렇게 많이 쌓였나이다"(대하 31:10). 백성이 십일조를 넉넉하게 풍성히 드린다는 것은 하나님께서 그들에게 풍성한 물질의 복을 주셨다는 것을 암시합니다.

이 시점에서 레위인들은 비로소 배부르게 먹었습니다. 그리고 남은 십일조 곡식 더미를 저장할 창고를 성전 안에 지었고(대하 31:11), 책임자와 부책임자를 두어 그 창고를 관리하며 하나님께 드리는 예물과 모든 성물을 성전에서 직무를 맡은 레위인들에게 나눠주었습니다(31:12-19). 이스라엘 역사에서 십일조를 이처럼 체계적으로 관리할 창고("성전 안에 방들")를 만들게 한 예는 히스기야 때가 처음입니다. 이제 레위인들은 체계적인 보살핌을 받을 수 있는 제도적 장치가 한층 강화되었습니다.

3) 거짓 경건으로 악용된 십일조(암 4:4, 5)

아모스 선지자는 주전 783년과 746년 사이에 북이스라엘에서 활동한 선지자입니다.[31] 북 이스라엘이 앗수르에 멸망될 때(주전 722년)를 예상하면서 아모스는 전형적인 북이스라엘의 주민들인 사마리아인들이 자행한 범죄를 열거합니다. 사마리아의 대표적인 죄악은 가난한 자들을 압제한 것입니다(암 4:1). 이에 대하여 아모스는 하나님께서 반드시 그들을 끌어내어 하르몬에 던져 넣을 것이라고 경고합니다(4:2, 3). 여기에 더

31) Billy K. Smith and Frank S. Page, *Amos, Obadiah and Jonah*, NAC 19B (Nashville: Broadman & Holman, 1995), 24.

하여 아모스는 사마리아가 범죄한 죄를 소개한 것이 본문에 언급한 십일조와 관련한 문제입니다.

4 너희는 벧엘에 가서 범죄하며 길갈에 가서 죄를 더하며 아침마다 너희 희생을, 삼 일마다 너희 십일조를 드리며

5 누룩 넣은 것을 불살라 수은제로 드리며 낙헌제를 소리내어 선포하려무나 이스라엘 자손들아 이것이 너희가 기뻐하는 바니라 주 여호와의 말씀이니라(암 4:4, 5).

아모스는 사마리아 주민들이 저지른 배역 행위를 열거하면서 그들이 예전 그들의 성소 자리인 벧엘에서 행한 제의를 언급합니다. 벧엘과 길갈은 북이스라엘의 대중적인 제단이 있던 곳입니다(삼상 10:8; 11:15; 왕상 12:26-30). 아모스 선지자는 사마리아인들이 심지어 벧엘에서 행하는 제의 행위조차 하나님을 기쁘시게 하기보다는 전적으로 자기들을 즐겁게 하기 위한 행동이라고 꼬집습니다.[32]

일례로 아모스는 십일조와 관련된 그들의 잘못된 생각을 지적합니다. 본문에 언급된 "삼 일마다 너희 십일조를 드리며"는 사마리아 사람들이 삼 년에 한 번, 또는 일 년에 한 번 드릴 십일조를 삼 일에 한 번 드린다고 칭찬하는 내용이 아니라, 하나님을 경외하거나 그분을 향한 사랑은 없으면서 외적인 종교의 열심만 남은 것을 비꼬는 말입니다. "경건의 모양은 있으나 경건의 능력은" 없는 사람들입니다(딤후 3:5). 말하자면, 아모스는 벧엘과 길갈에서조차 죄 짓기를 더하는 사마리아 사람들에게 "삼 일에 한 번 십일조를 드려보라"고 비아냥거리는 것입니다.

그래서 본문의 내용을 기존의 십일조 제도 이외에 새로운 십일조를 제안한 것으로 이해해서는 안 됩니다. 삼 년에 행하는 제삼의 십일조를 삼 일마다 드려보라고 권하는 말은 융통성이라고는 전혀 없는 사마리아

32) J. Mays, *Amos*, OTL (London: SCM, 1969), 75.

사람들의 율법주의를 비웃으며 죄악 된 예배를 폭로하는 것이며, 백성들의 종교적 과대망상에 보내는 조소입니다. 삼 일마다 십일조를 드린다면 이스라엘 백성은 모두 이렇게 생각했을 것입니다. 하나님께서 자기들에게 넉넉하게 주신 것을 감사하고 찬양하면서 십일조를 드리는 것이 아니라, 거꾸로 자신들이 하나님께 (삼 일에 한 번씩 드릴 정도로) 넉넉하고 너그럽게 드린다고 말입니다.[33]

더군다나 제삼의 십일조는 가난한 자를 돌아보는 너그러움을 표현하는 방법인데, 당대의 부자들은 오히려 가난한 자들의 머리를 밟고 그들의 가산을 빼앗는 데 혈안이 되어 있었습니다(암 2:6-8; 3:9-10; 4:1; 5:11, 12). 이처럼 그들이 온갖 방법을 동원하여 한편으로는 제단에서 경건한 척 하면서, 다른 한편으로는 호화로운 생활을 하며 가난한 자들을 압제하는 것은 엄연히 모순이며, 하나님께 비난을 받을 만한 행동입니다.

특히 본문에서 아모스가 "너희" 희생, "너희" 십일조라고 언급한 것을 주목하십시오. 이것은 자신들이 하나님에게 속한 것을 십일조로 드리는 것이 아니라 십일조를 드리는 사람 자신에게 속한 것을 하나님께 드린다는 생각이 백성들의 마음에 새겨져 있음을 의미합니다. 의당 하나님에게 속한 것을 기쁜 마음으로 하나님께 다시 드리는 것이 아니라, 자기 것을 (인심 쓰듯이) 하나님께 드린다고 생각한 것입니다. 아모스가 판단하기에, 사람들이 드리는 예물과 십일조는 진정 여호와를 생각하여 드리는 마음은 눈곱만큼도 없고, 오직 자기 과시와 자기 의를 표현한 것입니다. 볼프(Hans Wolff)는 여기서 아모스가 십일조를 드리는 사람들이 가난한 사람들을 압제함으로써 잃어버린 공의를 십일조를 예물로 드리는 것으로 대체하려 한 것을 폭로했다고 지적합니다. 아모스 5:21-24를 고려할

33) Smith and Page, *Amos, Obadiah, Jonah*, 88.

때, 볼프의 통찰은 백 번 옳습니다.[34)]

그렇다면, 아모스는 여기서 십일조와 관련한 백성들의 잘못된 경건을 비난하는 것입니다. 종교 의식을 통해서라도 복을 받을 수만 있다면 당시 북이스라엘은 더 많은 복을 받기 위해 삼 년마다 드리던 십일조를 삼 일에 한 번씩이라도 가져 오면서 복을 얻으려는 것이 그들이 십일조를 하는 동기였다고 말입니다. 한 마디로 말해서, 종교적인 외형주의가 사마리아인들의 문제였습니다. 또한 그들의 행동은 삼 년마다 레위인을 비롯한 가난한 자들에게 먹을 것을 주는 십일조를 잘 행하면 "네 여호와께서 네 손으로 하는 범사에 네게 복을 주시리라"(신 14:29)는 율법을 잘못된 기복신앙으로 연결한 대표적인 예입니다.[35)]

종교적인 외형주의와 십일조를 자동적으로 복 받는 수단으로 생각하는 사람들에게는 삼 일마다 드리는 십일조도 아무런 의미가 없습니다. 이 점에 대해 코울스는 문제의 핵심을 정확하게 집어내고 있습니다.

> *십일조를 드리는 사람들의 악한 생활 때문에 그들이 드리는 십일조가 여호와 앞에 받아들여지지 않는데도 그들은 십일조를 꼬박 꼬박 드렸다. 그것이 하나님에게 자동적으로 복 받는 비결이라고 생각하면서 말이다. 그러나 그의 생활이 항상 악하기 때문에, 설령 그들이 십일조를 드린다고 하더라도 하나님께서 십일조를 드리는 사람에게 주겠다고 약속하신 것을 그들은 주장할 수 없었다.*[36)]

이렇듯 십일조를 단순한 종교행위와 복을 받는 수단으로 이용하는 것

34) Hans Walter Wolff, *Joel and Amos*, Hermeneia (Philadelphia: Fortress, 1977), 219.

35) J. A. Motyer, 『공법을 물같이 정의를 하수같이』, BST (서울: 기독지혜사, 1987), 121.

36) Cowles, *Scriptural Teaching*, 24–25.

은 명백한 종교적인 타락입니다. 십일조를 드리는 사람들에게는 그들의 자랑과 기뻐함의 근거는 될 수 있을지 몰라도, 하나님은 그것을 가증하게 보시는 것입니다(암 4:5). 그러므로 북이스라엘의 타락과 멸망은 십일조 정신의 타락과 무관하지 않습니다.

4) 종교 지도자들의 물욕의 온상이 된 십일조 곳간 (느 10:37-39; 12:44-47; 13:5, 12)

느헤미야서에는 십일조를 언급하는 본문이 세 곳 있습니다. 느헤미야 10:37-39; 12:44-47; 13:5, 12가 그것입니다. 해당 본문들은 포로 후기 느헤미야가 예루살렘에 도착한 주전 433년과 423년 사이에 벌어진 십일조와 관련된 일화를 다루고 있습니다.[37] 본문들을 순서대로 설명하겠습니다.

> 37 또 처음 익은 밀의 가루와 거제물과 각종 과목의 열매와 새 포도주와 기름을 제사장들에게로 가져다가 우리 하나님의 전의 여러 방에 두고 또 우리 산물의 십일조를 레위 사람들에게 주리라 하였나니 이 레위 사람들은 우리의 모든 성읍에서 산물의 십일조를 받는 자임이며
> 38 레위 사람들이 십일조를 받을 때에는 아론의 자손 제사장 한 사람이 함께 있을 것이요 레위 사람들은 그 십일조의 십분의 일을 가져다가 우리 하나님의 전 곳간의 여러 방에 두되
> 39 곧 이스라엘 자손과 레위 자손이 거제로 드린 곡식과 새 포도주와 기

37) 에스라가 주전 458년에 포로에서 귀환했고, 느헤미야가 처음 예루살렘을 방문한 해는 13년 후인 주전 445년입니다. 느헤미야는 백성들에게 성벽을 쌓는 일에 권하고 다시 페르시아에 돌아갔다가 433년과 423년 사이에 2차로 예루살렘을 방문했습니다. Marvin Breneman, *Ezra, Nehemiah, and Esther*, NAC 10 (Nashville: Broadman & Holman, 1993), 24, 41; ESV 성경의 느헤미야 부분의 주석을 쓴 맥콘빌(J. Gordon McConville) 역시 이를 지지하고 있습니다. *ESV Study Bible* (Wheaton: Crossway Bibles, 2008), 821.

름을 가져다가 성소의 그릇들을 두는 골방 곧 섬기는 제사장들과 문지기들과 노래하는 자들이 있는 골방에 둘 것이라 그리하여 우리가 우리 하나님의 전을 버려 두지 아니하리라(느 10:37-39).

먼저 다룰 본문은 느헤미야 10:37-39입니다. 본문은 바벨론 포로에서 돌아온 사람들이 에스라가 읽어주는 율법책의 내용을 듣고(느 8:7, 8, 12, 13-18), 회개하고 자원하여 율법을 지키겠다고 맹세한 내용 중에 한 부분입니다(9-10장).

이스라엘 백성들은 바벨론에 포로로 가 있을 때부터 포로에서 귀환한 후 지금까지 율법을 잊고 지냈고, 그들이 언약 백성이라는 사실조차 망각하고 살았습니다. 에스라로부터 율법 내용을 듣게 되자 백성들은 그제야 비로소 레위인과 제사장들이 거주하는 모든 성읍에서 생산되는 것의 십일조를 받는 사람들이라는 것을 알게 되었습니다(느 10:37). 그리고 자기들이 십일조 드리는 것을 잊고 지냈기 때문에 그간 하나님의 성전이 유지되지 않았고 성전에서 일하는 레위인이 백성들의 무관심 속에 버림을 받았다는 것을 깨달았습니다(10:30).

그래서 백성들은 해마다 매 사람이 삼분의 일 세겔을 바쳐 하나님의 성전을 위해 사용할 것(느 10:32)과 레위인과 제사장을 위해 십일조를 가져오고, 그 중에서 십분의 일을 따로 떼어 하나님의 성전 곳간의 여러 방에 저장해 두겠다고 결심합니다(10:38, 39). 그들은 십일조 물품으로 "처음 익은 밀의 가루(또는 곡식)와 각종 과일 나무의 열매와 새 포도주와 기름" 등 식료품을 가져왔습니다. 느헤미야는 그것을 성전 옆 곳간에 넣어두게 했습니다.

그러므로 여기서 십일조를 비롯하여 여러 예물들(느 10:33-36)을 거두어 곳간에 두라고 한 것은 레위인과 성전에서 일하는 사람들의 생계를 지원하는 데 목적이 있습니다. 특별히 곳간을 성전 옆에 둔 것으로 보아,

십일조는 중앙 성소인 예루살렘 성전에 집중적으로 모아졌고, 거둬들인 십일조를 사용하는 것은 성전에서 일하는 사람들의 생계와 밀접한 관련이 있음을 알 수 있습니다. 백성들은 한 동안 잊고 지냈던 십일조와 예물을 이제야 비로소 체계적으로 관리할 필요성을 느끼기 시작한 것입니다.

느헤미야 12:44-47에는 거제물과 처음 익은 곡식과 십일조 등으로 거둬들인 물품을 구체적으로 누구에게 나눠주었는지가 기록되어 있습니다.

44 그 날에 사람을 세워 곳간을 맡기고 제사장들과 레위 사람들에게 돌릴 것 곧 율법에 정한 대로 거제물과 처음 익은 것과 십일조를 모든 성읍 밭에서 거두어 이 곳간에 쌓게 하였노니 이는 유다 사람이 섬기는 제사장들과 레위 사람들로 말미암아 즐거워하기 때문이라
45 그들은 하나님을 섬기는 일과 결례의 일을 힘썼으며 노래하는 자들과 문지기들도 그러하여 모두 다윗과 그의 아들 솔로몬의 명령을 따라 행하였으니
46 옛적 다윗과 아삽의 때에는 노래하는 자의 지도자가 있어서 하나님께 찬송하는 노래와 감사하는 노래를 하였음이며
47 스룹바벨 때와 느헤미야 때에는 온 이스라엘이 노래하는 자들과 문지기들에게 날마다 쓸 몫을 주되 그들이 성별한 것을 레위 사람들에게 주고 레위 사람들은 그것을 또 성별하여 아론 자손에게 주었느니라 (느 12:44-47).

이스라엘 백성들은 자기들이 사는 여러 성읍에서 십일조를 가져와 예루살렘 성전에 있는 곳간에 쌓았습니다. 그들이 성전 곡간에 쌓은 물품은 "율법에 정한 대로 거제물과 처음 익은 곡식과 십일조"였습니다(느 12:44). 율법에는 성전에서 일을 하는 제사장과 레위인을 위해 거제물과 십일조를 사용하라고 두루뭉수리 하게 기록되었지만(민 18:25-32), 본

문에는 레위인 중에서 성전에서 봉사하는 사람들이 좀 더 구체적으로 소개되었습니다. 그들은 노래하는 자들과 문지기들인데(느 12:45), 다윗 왕과 솔로몬 왕이 성전에서 노래하는 사람들과 문지기들이 하나님을 섬기는 일에 동참하였다고 그들에게 거제물과 십일조에서 생활비를 주라고 명한 것에 근거하여, 느헤미야가 포로 귀환 후에 그 명령을 실제로 적용한 것 같습니다.[38)]

그 후 느헤미야의 명령에 따라, 십일조를 저장할 곳간이 지어져 체계적으로 레위인을 돕는 장치가 마련되었지만, 실제로 그것을 실행하는 데 있어 예기치 못한 문제가 발생했습니다. 정작에 십일조의 혜택을 받아야 할 레위인은 생계 문제에 어려움을 느껴 성전을 버리고 자기들의 밭으로 도망가는 사건이 발생했기 때문입니다(느 13:10). 그 사건으로 하나님의 성전에서 제사가 다시 중단되었고, 성전은 관리하는 사람이 없어 방치되었습니다(13:11). 이렇게 된 것은 백성들이 십일조를 드리지 않아서가 아니라 곳간을 맡은 책임자인 제사장이 성전 곳간에 모아둔 십일조를 횡령했기 때문입니다. 이 상황을 간단하지만 핵심적으로 설명한 본문이 느헤미야 13:4-13입니다.

4 이전에 우리 하나님의 전의 방을 맡은 제사장 엘리아십이 도비야와 연락이 있었으므로

5 도비야를 위하여 한 큰 방을 만들었으니 그 방은 원래 소제물과 유향과 그릇과 또 레위 사람들과 노래하는 자들과 문지기들에게 십일조로 주는 곡물과 새 포도주와 기름과 또 제사장들에게 주는 거제물을 두는 곳이라

---

38) 대상 15:16-24; 16:4-6. 느헤미야는 역대상 25:2와 역대하 8:14; 29:30을 근거로 하나님께 노래하고 감사하는 사람들에게도 레위인과 마찬가지로 하나님을 섬기는 일을 하는 사람이라서 성전 곳간에서 먹을 것을 공급받을 사람들에 해당한다고 해석한 듯합니다. ESV Study Bible, 844에 설명된 12:24-27 주석을 참조하십시오.

6 그 때에는 내가 예루살렘에 있지 아니하였느니라 바벨론 왕 아닥사스
다 삼십이년에 내가 왕에게 나아갔다가 며칠 후에 왕에게 말미를 청
하고
7 예루살렘에 이르러서야 엘리아십이 도비야를 위하여 하나님의 전 뜰
에 방을 만든 악한 일을 안지라
8 내가 심히 근심하여 도비야의 세간을 그 방 밖으로 다 내어 던지고
9 명령하여 그 방을 정결하게 하고 하나님의 전의 그릇과 소제물과 유
향을 다시 그리로 들여놓았느니라
10 내가 또 알아본즉 레위 사람들이 받을 몫을 주지 아니하였으므로 그
직무를 행하는 레위 사람들과 노래하는 자들이 각각 자기 밭으로 도
망하였기로
11 내가 모든 민장들을 꾸짖어 이르기를 하나님의 전이 어찌하여 버린
바 되었느냐 하고 곧 레위 사람을 불러 모아 다시 제자리에 세웠더니
12 이에 온 유다가 곡식과 새 포도주와 기름의 십일조를 가져다가 곳간
에 들이므로
13 내가 제사장 셀레마와 서기관 사독과 레위 사람 브다야를 창고지기로
삼고 맛다냐의 손자 삭굴의 아들 하난을 버금으로 삼았나니 이는 그
들이 충직한 자로 인정됨이라 그 직분은 형제들에게 분배하는 일이었
느니라(느 13:4-13).

그 당시 있었던 상황을 재구성하면 이렇습니다. 성전에서 일하는 사람들이 마음 놓고 성전 봉사를 할 수 있는 제도적 장치가 마련되어 너도 나도 희망에 부풀어 있을 즈음에, 성전 곳간을 맡은 사람들이 성전에 있는 물품을 개인적으로 유용한 사건이 발생했습니다. 당시 백성들이 내는 십일조는 성전 옆 곳간에 저장해두었고, 그 곳간을 관리하던 책임자는 제사장 엘리아십이었습니다. 본문은 그 곳간이 "엘리아십이 도비아를 위하여" 만든 개인 곳간이라고 밝힙니다(13:7). 그런데 엘리아십은 유력한

도비야라는 사람과 음모를 꾸며 성전 곳간에 넣을 십일조를 비롯한 식량과 예물들을 자신들의 개인 창고로 빼돌렸습니다(느 13:4-9). 최초로 제사장이 주도한 십일조를 도둑질하는(?) 사건이 발생한 것입니다(비교. 말 3:8, 9).

당연한 결과지만, 레위인들에게 공식적으로 지급할 식료품은 금세 바닥났고, 성전 곳간은 텅 비게 되었습니다. 그래서 자기 몫을 받지 못해 생계에 어려움을 겪던 레위인과 성전에서 노래하는 사람들이 성전을 떠나 각각 자기 고향으로 도망갔던 것입니다(느 13:10).

바벨론으로 돌아갔다가 다시 예루살렘으로 돌아와 뒤 늦게 이 사실을 알게 된 느헤미야는 무척 화가 났습니다. 그는 민장들을 꾸짖으면서 그들에게 하나님의 성전이 버린바 된 책임을 물었습니다. 그리고 도망갔던 레위인들을 다시 불러 들여 성전에서 일하는 자리에 재배치했습니다(느 13:11). 그는 창고 책임자와 부책임자를 당장 교체하였습니다. "제사장 셀레먀와 율법교사 사독과 레위 사람 브다야를 창고지기로 삼고 맛다냐의 손자 삭굴의 아들 하난을 버금으로" 삼아 형제들에게 거둬들인 십일조를 정확히 분배하게 했습니다(13:13). 새로 뽑힌 감독관은 충직한 자로 인정을 받은 사람들로서 백성들에게도 신임을 얻는 사람들이었습니다. 이와 같은 일이 일어났음에도 백성들은 성전을 버리지 않겠다는 그들의 맹세를 지키려(참조. 느 10:39), "온 유다는 (다시) 곡식과 새 포도주와 기름의 십일조를 가져다가 곳간에" 들였습니다(13:12). 이렇게 하여 포로 후기 시대에 다시금 레위인의 보호 장치인 십일조가 정기적으로 드려져 레위인의 생계를 지원하는 수단으로 자리잡게 되었습니다.[39]

이 본문에서도 십일조는 아무런 분깃이 없는 레위인의 생계 수단으로 자리합니다. 느헤미야서에서 레위인의 생계를 돕는 것은 하나님의 성전

39) Noordtzij, *Numbers*, 166; H. G. M. Williamson, Ezra, *Nehemiah*, WBC (Waco: Word Books, 1985), 338.

을 버리지 않는 행위로 인식되었습니다. 하지만 십일조 수납 책임을 맡은 제사장이 마음만 먹으면 얼마든지 그 거룩한 물품을 개인적으로 빼돌릴 수 있는 여지는 남아 있었습니다. 돈이 있는 곳에 사람이 몰리고, 물욕이 생긴다는 진리는 예나 지금이나, 세상에서나 성전에서나 그대로 나타나는가 봅니다.

5) 언약의 표인 십일조(말 3:7–12)

구약성경에서 십일조 언급이 마지막으로 등장하는 본문은 말라기 3:7–12입니다. 본문은 십일조를 강조하는 사람들이 현대에도 십일조를 드리는 것이 정당하다고 주장하기 위해 가장 많이 인용하는 본문입니다. 어떤 이들은 이 본문을 근거로 심지어 하나님께 (물질적인) 복을 받는 비결까지 제시하기도 합니다.

이 본문을 근거로 하나님께서는 신약시대에도 여전히 십일조를 내는 것을 요구하신다고 주장하는 사람들은 주로 "십일조"라는 용어가 단독으로 등장하는 9절과 10절만을 인용하는 경향이 있습니다. 하지만 모든 성경을 해석할 때 그래야 하듯이, 이 본문은 반드시 말라기 전체의 맥락과 말라기의 신학적인 주제에 비추어 해석해야 그 의미가 정확하게 드러납니다. 그것이 불가능하다면 최소한 말라기 3장의 맥락에 비추어서라도 이해해야 합니다. 먼저 본문 내용이 무엇인지부터 살펴보겠습니다.

7 만군의 여호와가 이르노라 너희 조상들의 날로부터 너희가 나의 규례를 떠나 지키지 아니 하였도다 그런즉 내게로 돌아오라 그리하면 나도 너희에게로 돌아가리라 하였더니 너희가 이르기를 우리가 어떻게 하여야 돌아가리이까 하는 도다
8 사람이 어찌 하나님의 것을 도둑질하겠느냐 그러나 너희는 나의 것을

도둑질하고도 말하기를 우리가 어떻게 주의 것을 도둑질하였나이까
하는 도다 이는 곧 십일조와 봉헌물이라
9 너희 곧 온 나라가 나의 것을 도둑질하였으므로 너희가 저주를 받았
느니라
10 만군의 여호와가 이르노라 너희의 온전한 십일조를 창고에 들여 나의
집에 양식이 있게 하고 그것으로 나를 시험하여 내가 하늘 문을 열고
너희에게 복을 쌓을 곳이 없도록 붓지 아니하나 보라
11 만군의 여호와가 이르노라 내가 너희를 위하여 메뚜기를 금하여 너희
토지 소산을 먹어 없애지 못하게 하며 너희 밭의 포도나무 열매가 기
한 전에 떨어지지 않게 하리니
12 너희 땅이 아름다워지므로 모든 이방인들이 너희를 복되다 하리라 만
군의 여호와의 말이니라(말 3:7-12).

말라기 선지자는 백성들을 향해 그들이 하나님의 것인 "십일조와 봉헌물"을 도둑질하였다고 비난합니다(말 3:8-9). 본문을 신약시대에도 십일조를 내야하는 증거 구절로 이해하는 영(Samuel Young)은 이 본문의 핵심 주제를 이스라엘이 하나님을 헛되이 섬기는 문제에서 찾아야 한다고 이해합니다(말 2:17; 3:14). 그의 주장은 이것입니다. "이스라엘이 십일조에 관심을 갖지 않고 정확한 십일조를 드리지 않는 것은 널리 퍼져 있던 전적인 부패였다. 고대에는 드리는 것이 삶과 밀접하게 연관되었기 때문이다. 부주의한 드림과 반짝 드리고 마는 것은 헛되고 널리 퍼진 죄악의 증후이다."[40] 한편 이것은 맞는 말입니다. 이스라엘 역사 대대로 백성들이 십일조를 드리지 않아 레위인들이 기업의 땅에서 아무 것도 먹을 수가 없고 가난에 허덕이게 된 것은 백성들이 성전과 레위인들

40) S. Young, *Giving and Living-Foundations for Christian Stewardship* (Grand Rapids: Baker Book House, 1974), 24, 25.

을 잊은 죄였기 때문입니다(참조. 민 18:23; 신 12:12; 14:27; 26:12; 느 13:10). 그리고 말라기 선지자 역시 백성들에게 "열조의 날로부터 너희가 나의 규례를 떠나 지키지 아니 하였다"고 이스라엘 백성 전체의 죄를 구체적으로 지적하는 듯이 보입니다(3:7).

그런데 정말 말라기 본문에서 강조하는 것이 온전한 십일조를 내지 않은 백성들의 죄와 신약시대에도 온전한 십일조 내는 원리를 그대로 적용해야 한다는 것일까요? 본문에서 이것을 요구하는지 확인하는 것은 차치해두고라도, 먼저 질문해야 할 것이 있습니다. 말라기 본문에서 하나님이 책망하는 대상이 십일조를 드리지 않은 이스라엘 백성들 전체를 염두에 둔 것일까? 아니면 특정한 부류를 대상으로 하고 있을까? 본문의 주제가 십일조 납부인가? 아니면, 더 근본적인 주제가 있을까? 그렇다면 그 주제는 무엇일까? 이 질문에 차례로 답해보겠습니다.

말라기서를 자세히 읽어보면 몇 군데(말 1:2–5; 3:9–12) 그 대상이 모호한 것을 제외하고는 말라기의 말씀의 직접적인 대상은 "제사장들"이라는 게 분명합니다(1:6; 2:1, 7). 이들은 종교 지도자들로서 특히 하나님께서 성전 제의와 관련하여 레위인과 세운 언약을 파기하면서(2:4, 5, 8) 하나님께 제사 드리는 것을 더럽힌 사람들입니다. 더욱이 제사장들은 하나님께 더러운 떡을 드리고(1:7) 병든 짐승들을 제물로 삼아 제사를 드림으로써(1:8) 하나님의 성전을 더럽혔습니다(1:10). 그런데도 제사장들은 원래 여호와의 식탁이 더러워졌기 때문에 그런 것이라고 변명하거나, 그들의 행동은 번거로움을 피하기 위해서 그렇게 한 것이라고 뻔뻔스럽게 둘러댔습니다(1:12, 13). 그러자, 하나님께서는 제사장들에게 "저주를 내려 너희의 복을 저주하리라"고 말씀하십니다(2:2).

하나님께서 이처럼 혹독한 말로써 제사장들을 나무라시는 이유는 하나님께서 "레위와 세운 언약"이 항상 있게 하려는 데 있다고 밝히십니다(말 2:4–9). 말라기 2:10–16에서도 하나님은 유다의 죄와 이스라엘의 죄를 지적하십니다. 유다 지파에 속한 사람들이 행한 구체적인 죄는 "여호와께서 사랑하시는 그 성결을 욕되게 하여 이방 신의 딸과 결혼"한 것입니다(2:11). 여기서 핵심은 백성들이 조상들의 "언약"을 욕되게 했다는 데 있습니다(2:10b). 그런데 바로 이 죄악은 느헤미야 13:23-27, 28-31의 사건을 상기시킵니다. 말라기서와 거의 동시대에 활동한 느헤미야가 전해주는 이야기는 본문을 이해하는 데 중요한 자료가 됩니다.

느헤미야서에 따르면, 이방인과 결혼한 유다 사람의 문제(느 13:23-27)는 사실상 "유다의 모든 귀인들"의 문제였습니다(13:17). 더욱이 대제사장 엘리아십의 손자 중 하나가 산발랏의 딸과 결혼한 예는 유다가 범한 이방인 결혼의 절정이었습니다(13:28). 느헤미야는 이를 통탄하게 여기며 제사장 가문에 속한 사람이 이방인 여자와 결혼한 것을 "제사장 직분과 레위 사람에 대한 언약"을 어긴 것이라고 단정 짓습니다(13:29). "레위와 세운 나의 언약"이라는 용어는 말라기서에 세 번이나 반복됩니다(말 2:4, 5, 8).

느헤미야가 타락한 제사장과 귀인들을 꾸짖었듯이, 말라기에서도 하나님의 꾸지람의 직접적인 대상은 "너희 제사장"입니다(말 2:4, 7). 하나님과 언약을 깨뜨리면서도 제사장들은 제사 드리는 일을 계속했으니 하나님이 보시기에 얼마나 가증했겠습니까(2:12-17). 이어서 주의 사자가 성전에 임할 것이라는 예언이 주어지는데(3:1-6), 주의 사자는 레위 자손을 깨끗하게 하여 공의로운 제물을 여호와께 바치게 하려고 임하십니다(3:3). 그러므로 말라기 3:7-12는 제사장과 레위인을 꾸짖는 맥락에서 이해해야 합니다.

더욱이 말라기 3:8-9에 등장하는 모호한 표현인 "도둑질하다"는 언급을 제외하고는 구약성경에서 하나님이 이스라엘 백성들에게 어떤 것을 바치지 않았다고 꾸짖으신 경우가 없다는 사실을 기억할 필요가 있습니다. 오히려 이사야가 잘 요약하였듯이, 사람들은 하나님께 끊임없이 예물을 바쳤습니다(사 1:11-13. 비교. 말 1:8, 10, 14; 3:3, 4). 하나님께서 문제를 삼으신 것은 무엇인가 바치지 않은 것이 아니라는 것을 알 수 있습니다. 백성들이 제사를 드리고 끊임없이 예물을 바쳤다는 사실에 비춰 볼 때, 문제는 백성들의 마음이 하나님에게서 떠났고, 언약을 파기하는 그들의 행동에 있었습니다.

더욱이 본문에 단지 "십일조"의 문제만이 아니라 제사의 대표적인 "봉헌물"이 함께 언급된 것을 주목할 필요가 있습니다(말 3:8). 이것은 십일조를 봉헌물을 취급하는 문제와 관련하여 생각해야 함을 암시합니다. 봉헌물은 처음에 성막을 세우고 난 후에 이스라엘의 각 지파의 지휘관들과 감독들이 레위인에게 주어 각기 직임대로 회막 봉사에 쓰게 한 예물입니다(민 7:1-5, 10, 11, 84, 88). 말라기에서도 봉헌물은 제사장과 레위인들이 제단에서 하나님께 제사로 드리는 예물과 결부되었습니다(말 1:13; 2;13; 3:4). 물론 이것은 제사장들의 도덕적 부패를 일삼게 된 원인이 되었습니다. 하나님께서도 그들이 드리는 봉헌물을 싫어한다고 하셨습니다.

이쯤 배경 지식을 가지고 이제 우리가 탐구할 본문(말 3:7-12)에 집중해보겠습니다. 말라기 3장에는 성전에서 일하는 당사자들의 더러움을 씻기 위해 하나님께서 레위인을 깨끗케 하실 것이고, 레위인들로 하여금 하나님께서 받으시기에 합당한 의로운 제물을 드리게 하시려는 그분의 계획이 언급되었습니다(3:1-3). 이 점에서 3장은 1, 2장에서 다룬 제사장들에게 행한 심판 내용의 연속입니다. 3장에서 하나님은 1, 2장에 이어 이스라엘 사회에서 봉헌물("테루마," תרומה)을 원래 수혜자에게로 돌아가게 될 것과 가난한 자들을 착취하는 사람들에게 심판이 내려질 것을 선언하십니다(3:4-6). 하나님의 심판을 받을 사람들은 레위인과 가난한 자들을 착취했던 권력자들입니다.

말라기 3:7a는 이스라엘에게 "하나님께로 돌아오라"는 요청으로 말문을 엽니다. 그리고 하나님께로 돌아가는 것은 "십일조와 봉헌물"을 도둑질 한 것을 다시 회복하는 것이라고 구체적으로 언급되었습니다(말 3:7b). 2장에서 제사장들에게 내려졌던 "저주"가 3장에서는 하나님의 것, 구체적으로 십일조와 봉헌물을 도둑질한 것 때문임이 밝혀졌습니다(3:8). "사람이 어찌 하나님의 것을 도둑질하겠느냐 그러나 너희는 나의 것을 도둑질하고도 말하기를 우리가 어떻게 주의 것을 도둑질하였나이까 하는도다 이는 곧 십일조와 봉헌물이라." 하나님의 것을 도둑질한 사람들이 본문에서 제사장뿐만 아니라 "온 나라"가 그리하였다고 과장법을 사용하여 표현했지만(3:9), 그것이 성전에 있는 "창고"와 관련되어 언급된 것으로 보아(3:10) 이 일의 당사자는 백성들이라기보다 성전과 관련이 있는 제사장, 레위인 등 지도자들일 가능성이 높습니다.

여기서 본문 이해에 결정적인 열쇠로 작용하는 "도둑질하다"의 의미가 무엇인지를 밝히는 것이 중요할 것입니다. "도둑질하다"(히브리어로 '카바', קבע)라는 단어는 성경에 자주 사용되는 단어가 아니라서 정확한 의미를 찾기가 쉽지는 않습니다. 잠언 22:23이 본문 이외에 이 단어가 사용된 유일한 예입니다. "대저 여호와께서 신원하여 주시고 또 그를 노략하는 자('코브예헴', קבעיהם)의 생명을 빼앗으시리라('카바', קבע)." 잠언에서 이 단어는 남의 것을 강제로 "빼앗다" 또는 "노략하다"라는 매우 부정적이고, 강압이 담긴 용어로 사용되었습니다.

문맥상 말라기서에 "도둑질하다"(카바)라는 잠언의 용례가 반영되었다는 것이 분명합니다. 번역 성경에서 "카바"는 다음과 같이 번역되었습니다. "강압적으로 탈취하다"(표준새번역; "to take forcibly, defraud," REB), "속이다"(공동번역; "to cheat," Jerusalem Bible), "강탈하다"(to rob, NIV, RSV, ESV) 등. 이 단어는 자기의 의무를 수행하지 않은 소극적인 의미를 지니기보다는 "다른 사람의 것을 강제로 빼앗는다"는 적극적으로 강탈하는 동작을 의미합니다. 이것은 틀림없이 성전 창고에 있는 것을 노략한 행동을 의미할 것입니다. 이 행동은 말라기 선지자와 동시대인 느헤미야가 활동하던 시대에 제사장에 의해 자행된 도둑질을 가리키는 것이 분명합니다(참조. 느 13:4-11).[41]

이런 의미에서 "이스라엘이 십일조와 봉헌물을 전혀 하나님께 드리지 않았다든지, 하나님께 드려야 하는 것을 그리로 넣지 않음으로써 하나님의 것을 훔치려 했다"고 설명한 카일 델리취(Keil-Delitsch)는 본문의 의미를 약화시켰다고 생각됩니다.[42] 카일과 델리취의 설명은 지나치게 소극적인 의미로 본문을 이해했음은 물론이거니와 말라기 시대의 잘못을 당사자인 제사장들은 제외시키고 그 잘못을 일반화시켜 백성들에게 전가한 대표적인 예입니다.

제사장이 레위인의 몫을 개인 주머니에 착복했다는 것은 느헤미야에서뿐만 아니라 말라기 전체에서도 분명하게 드러나는 사실입니다. 제사장들은 백성들이 드리는 좋은 봉헌물을 빼돌리고 흠이 있는 것으로 바꿔치기함으로써 재산을 축적했고(말 1:6-8, 14; 2:2, 14-16; 3:8-11), 동일한 방식으로 그들은 레위인에게 주어야할 성전 창고에 쌓여 있는 것을 개인적인 용도로 사용함으로써 레위인이 의로운 제사직을 수행하는 데 어려움을 주었습니다(참조. 말 3:3-6).[43]

성전에서 일하는 사람들의 생계를 위해 마련된 성전의 곡식 창고가 비어 있어 레위인이 가난에 허덕일 때, 만일 백성들이 이 일을 게을리 했다면, 이처럼 강한 의미를 지닌 "도둑질"이라는 용어를 사용하지는 않았을 것입니다. 실제로 느헤미야서에도 이처럼 강한 용어가 사용되지는 않

---

41) W. A. VanGemeren, "Malachi," in *Evangelical Commentary on the Bible* (Grand Rapids: Baker, 1989), 710. John H. Walton, et al., *The IVP Bible Background Commentary: Old Testament*, (Downers Grove: IVP, 2000), 811. Koehler와 Baumgartner는 말라기서에서 이 단어의 의미를 결정하기 어렵다고 시인하면서도, "betray"(속이다, 배반하다)라는 의미일 거라고 제안합니다. HALOT, vol. 2, 1062.

42) Keil & Delitsch, *Minor Prophets*, vol II (Grand Rapids: Eerdmans, 1949), 463.

43) 실제로 느헤미야의 활동 시대(주전 445-430년)는 말라기의 활동 시대와 같거나 불과 몇 년 전 시대입니다. 특히 말라기의 안식일과 십일조에 대한 비난은 느헤미야의 본문과 거의 같습니다. *The NIV Study Bible* (Colorado Springs: International Bible Society, 1983), 675, 1423.

았습니다.

또한 본문에 언급된 "나의 것을 도둑질하였으므로"라는 어구 다음에 십일조뿐만 아니라 봉헌물이 도둑질한 물품 목록으로 함께 언급되었기 때문에, 본문의 도둑질 행위를 한 장본인이 누구인지 알기 위해서는 "봉헌물"에 연루된 사람을 생각해야 합니다. 성경에서 봉헌물이 일반 백성들과 관련하여 언급된 예는 없습니다. 십일조와 봉헌물 모두 성전에서 일하는 사람들의 생활 유지를 위해 중요한 것이었기 때문입니다(레 6:20; 민 15:17-21; 18:8, 11, 19). 봉헌물과 십일조(민 18:24; 신 12:6, 11, 17; 느 10:37, 39; 12:44; 13:5)는 레위인과 성전 봉사자들에게 주어야 하는 것이고(레 27:30; 민 18:24), 그 중의 십분의 일을 여호와의 전의 창고에 쌓아놓아 제사장에게 관리하기를 요구했습니다(느 10:37, 38; 12:44-47; 13:12).

그러므로 느헤미야 13장의 예에서 우리가 살펴본 것처럼, 포로 후기 시대에 하나님의 성전 곳간에서 물건을 개인 창고로 빼돌린 엘리아십의 행동이 하나님의 것을 탈취한 적극적인 도둑질 행위에 해당할 것입니다(참조. 느 13:4-7). 느헤미야 본문에서는 비록 "도둑질하다"라는 단어가 사용되지 않았지만, 그 당시 제사장에 의해 자행된 구체적인 행동에서 이 단어의 정확한 뜻이 반영되었습니다.[44] 하나님께서는 자신을 그의 종들(레위인)과 동일시하셨으며, 그들의 생계를 위협하는 성전 창고 강탈 행위를 하나님의 것을 도둑질하는 것으로 간주하셨습니다.[45]

말라기 3:10은 십일조가 어떤 종류의 십일조인지를 암시함으로써 말라기서의 분위기가 느헤미야의 상황과 비슷하다는 것을 보여줍니다. "만

---

44) 말라기서와 느헤미야서에서 다룬 공통 주제인 사회 종교적 악습에 대한 개혁(말 3:5; 느 5:1-13), 제사장과 십일조 문제(말 3:7-10; 느 10:37-39), 이혼과 통혼(말 2:10-16; 느 10:30; 13:23-29) 등을 보면, 두 책이 동일한 사회적 종교적 상황에서 기록되었음을 암시합니다. 대부분의 학자들은 그 시대를 주전 430년 전후로 보고 있습니다. R. L. Smith, 『미가-말라기』, WBC (서울: 솔로몬, 1991), 402; *The NIV Study Bible*, 1423.

45) J. G. Baldwin, *Malachi*, TOTC (Downers Grove: IVP, 1972), 246.

군의 여호와가 이르노라 너희의 온전한 십일조를 창고에 들여 나의 집에 양식이 있게 하고"(말 3:10a). 본문에 언급된 십일조는 구체적으로 레위인을 비롯한 가난한 자들에게 나누어 주기 위해 창고에 저장해두어야 하는 양식 용 십일조입니다(참조. 민 18:26-32; 느 10:37-39).

여기서 우리는 말라기 선지자가 진짜로 관심을 가지고 있었던 것이 무엇인지 알아야 할 필요가 있습니다. 이것은 본문의 단락이 십일조 이야기부터 시작하는 것이 아니라 하나님께로 "돌아오라"('슈브', שׁוּב)는 어구로 시작한다는 데서 찾을 수 있습니다. "너희가 나의 규례를 떠나 지키지 아니하였도다. 그런즉 '내게로 돌아오라' 그리하면 나도 너희에게로 '돌아가리라'"(말 3:7b). 하나님과 이스라엘의 관계에서 "돌아가다"('슈브', שׁוּב)라는 단어는 언약관계로 회복되는 것을 의미했습니다(렘 4:1; 15:19). 말라기에서도 하나님께 돌아가는 것은 레위 언약을 어긴 그들(말 2:5)이 신실하신 하나님과의 언약으로 돌아가는 것을 의미합니다. 그러므로 "그런즉 내게로 돌아오라. 그리하면 나도 너희에게로 돌아가리라"(말 3:7)는 말씀은 하나님과의 언약적 관계의 갱신을 촉구하는 말씀이지,[46] 십일조 납부 액수의 부족을 질타하면서 "온전한" 십일조를 정확하게 내라는 촉구가 아닙니다.

십일조를 잊고 있었던 백성들이나 백성에게 받은 십일조를 개인 창고에 들여 사유화한 제사장 모두 그 동안 하나님의 언약을 잊고 지냈습니다. 하나님의 언약을 잊은 것은 총체적으로 하나님의 규례를 떠나 지키지 않은 것을 의미합니다(말 3:7a). 율법을 잊었든지(느 8장), 하나님의 책망을 들었든지(말 3장), 다시 십일조를 드리는 것은 언약 백성인 이스라엘이 하나님을 믿고 하나님과의 언약 관계로 회복하는 표였습니다. 언

46) 조휘, "말라기서에 언급된 십일조 권면(3:6-12)의 신학적 의미," 『신학논단』 64 (2011), 235, 241, 246, 249.

약 회복의 구체적인 행위는 모든 부분에서 그들을 보호하시고 공급하시는 하나님을 의뢰하는 것입니다.

하나님과 맺은 언약으로 회복하기를 꺼려하는 사람들(제사장들)에게 하나님께서는 출애굽부터 가나안 정착에 이르는 과거에 내리신 하나님의 복을 상기시키시면서 "그것으로 나를 시험하여 내가 하늘 문을 열고 너희에게 복을 쌓을 곳이 없도록 붓지 아니하나 보라"(3:10b)고까지 말씀하십니다. 하나님께서 십분의 일을 내는 사람과 그것을 곳간에 저장할 책임이 있는 사람들에게 약속하신 복을 신실하게 실현하실 것이기 때문입니다(비교. 신 12:28; 14:29; 26:10, 15).

여기서 "그것으로"가 가리키는 것은 무엇일까요? "온전한 십일조"를 가리킬까요? 아니면 "십일조를 창고에 들여 나의 집에 양식이 있게" 하여 레위인들이 사용할 수 있게 하라는, 즉 창고의 물건 빼돌리기를 하지 말라는 것을 가리킬까요? 글의 흐름을 고려하면, 후자를 가리키는 것이 분명합니다. 하나님께서는 제사장들이 개인적인 탐욕 때문에 십일조를 성전의 창고에서 빼돌리기 한 것을 염두에 두면서 이렇게 말씀하셨을 것이 분명합니다.[47]

특히 신명기 26:15는 본문 이해에 도움을 줍니다. "원하건대 주의 거룩한 처소 하늘에서 보시고 주의 백성 이스라엘에게 복을 주시며…… 땅에 복을 내리소서"(신 26:15). 신명기 본문은 삼 년마다 십일조 드리기를 마치고 하나님께 복을 구하는 내용으로서, 말라기 3:10에 언급된 "하늘

---

47) 밴게메렌(VanGemeren)은 본문에 담겨 있는 문제가 탐욕, 이기심 그리고 하나님을 믿지 못함과 그분께 대한 불순종이라고 정확하게 지적함으로써 본문에 연루된 사람과 문제가 제사장들과 그들의 문제인 것을 암시합니다. VanGemeren, "Malachi," 710. 물론 이 문제들이 반드시 제사장들의 문제일 필요는 없으며, 이스라엘 백성들 전체의 문제라고 이해하는 후겐버거(Gordon P. Hugenberger)의 견해를 굳이 잘못되었다고 볼 수는 없겠지만[*ESV Study Bible* (Wheaton: Crossway Bibles, 2008), 1778] 후겐버거의 견해가 제 논지를 바꿀 만큼 강력하지는 않다고 생각합니다.

문을 열고 너희에게 복을 쌓을 곳이 없도록" 붓는다는 어구와 비슷합니다. 이처럼 하나님께서 하늘 문을 열고 주시겠다고 약속하신 복(말 3:10)은 십일조를 바친 후 신앙고백으로서 하나님께 기도한 내용(신 26:15)과 관련이 있습니다.

말라기 3장에 약속된 복에 대하여 조휘 교수는 통찰력이 있게 핵심을 지적합니다. 십일조를 드리는 것이 땅의 소산(곡식과 과일)과 가축(소나 양)이기 때문에, 하나님께서 주시겠다고 하는 약속은 단순한 "물질적 복에 대한 약속이 아니라 십일조가 쓰이는 목적"과 관련이 있다고 말입니다. 하나님의 약속은 구체적으로 "제사 제물을 제공하고, 회막에서 봉사하는 레위인들의 보수를 충당하고, 사회적 약자들을 돌보는 것을 온전히 감당할 수 있게 하겠다는 약속"입니다.[48] 설령 말라기서에 약속된 복이 물질적인 복을 포함한다고 하더라도, 그 복은 온전한 십일조를 하면, 사람들이 탐욕스럽게 바라는 모든 것이 자동적으로 주어진다는 의미가 아니라, 우리가 이 땅에서 살아가는 데 필요한 생필품을 보장해 주신다는 약속입니다.

이런 의미에서 본문의 자구적인 의미만으로 본문이 신약시대의 신자들도 십일조를 드려야 함을 명령한다고 결론을 내리는 것은 섣부른 결론입니다. 본문은 신약시대에도 십일조의 유효함을 증명하는 본문이 아닙니다. 앞에서 설명했듯이, 본문은 하나님이 이스라엘과 맺은 언약을 말하고 있습니다. 특히, 본문에 봉헌물이 십일조와 함께 언급되었음을 주목할 때 우리가 내린 결론이 더욱 확실하다는 것을 알 수 있습니다. 블롬버그(Craig Blomberg)는 이 내용을 한 마디로 잘 요약했습니다. "오늘날에 성전에 가서 희생 제사를 드리는 사람이 없듯이, 십일조와 관련된 본문을 무턱대고 신약시대 교회의 헌금 원리로 적용할 수는 없다."고 말

48) 조휘, "십일조 권면," 242, 248, 251.

입니다.[49]

말라기 구약시대에 하나님과 이스라엘 백성 사이, 또 제사장과 백성 사이의 관계 문제를 내용을 담고 있다는 사실을 이해하는 것이 무척 중요합니다. 그런데 여기에 더하여 저는, 앞에서 언급한 내용 못지않게 말라기 선지자가 본문에서 가르치는 중요한 교훈은 본문이 메시아 오심에 대한 약속을 제시하는 데 있다고 믿습니다. 제사장들과 레위인은 흠이 있고 의롭지 못한 예물을 하나님께 가져왔고(말 3:6-8, 13), 그래서 하나님께서 그것들을 받지 않으셨습니다(1:9-10). 또 지상의 제사장은 동료들에게 나눠줄 것을 탈취하여 사유화했습니다. 하지만 메시아는 장차 그들을 깨끗히 씻으심으로써 의로운 제물을 드리게 하실 것입니다(3:3). 그 때 하나님께서는 이스라엘의 제물만 받으시는 것이 아니라(3:4), 열국의 제물도 받으실 것입니다(1:11. 비교. 롬 15:9-13; 16:26). 과거에 바쳤고 또 지금 말라기 시대에 바쳐지고 있는 십일조와 봉헌물은 그리스도께서 오셔서 완전한 제물을 드리실 때에야 비로소 하나님의 받으시는 것이 될 것입니다(히 7:21-25; 8:1, 9-14, 23-25; 9:9, 12-14). 더욱이 장차 오실 메시아는 자신의 것을 기꺼이 백성에게 주시는 희생의 모범을 보이이실 것입니다(막 10:45).

우리를 포함하여 만국(이방인)이 지금 온전한 예물을 드릴 수 있는 것은 예수 그리스도께서 오심으로써 또 그분으로 말미암아 가능합니다(말 1:11. 비교. 3:12). 예수 그리스도는 구약의 제사장과 제사 제도를 이해하는 열쇠가 될 뿐만 아니라 바른 봉헌물과 제물과 심지어 십일조를 드리는 것이 무엇인지를 이해하는 열쇠이기도 합니다.

---

49) Craig L. Blomberg, 『가난하게도 마옵시고 부하게도 마옵소서』, 박규태 옮김 (서울: IVP, 2012), 110.

구약성경에서 가르치는 예물 드림과 관련하여 우리는 주로 십일조 본문을 중심으로 살펴보았습니다. 구약의 십일조 제도와 실행을 다음과 같이 요약할 수 있습니다.

첫째, 구약의 십일조는 이스라엘 백성이 그들의 소유와 소산이 하나님에게 속한 것임을 표현하는 것이었습니다. 가나안 땅은 하나님의 것인데, 그분이 그 땅을 백성들에게 기업과 분깃으로 주셨습니다. 이스라엘의 열한 지파는 하나님에게서 기업으로 받은 땅의 소산에서 먹을 것을 얻었습니다. 그들은 그 소산의 일부(십분의 일)를 하나님께 거룩하게 구별하여 드렸습니다(레 27:30-33).

둘째, 십일조는 이스라엘 공동체를 세우기 위하여 세운 제도였습니다. 땅을 기업과 분깃으로 받은 열한 지파와는 다르게, 레위 지파에게는 기업과 분깃이 없었습니다. 레위인들은 하나님에게서 현물을 분깃으로 직접 받았습니다. 즉, 열한 지파가 하나님께 소산의 십분의 일을 드린 것을 하나님께서 다시 레위인에게 분깃으로 준 것입니다. 한편 이것은 레위인이 회막에서 일한 보수에 해당했습니다. 그리고 다른 열한 지파가 그랬던 것과 마찬가지로 레위인 역시 하나님에게서 받은 것 중에서 다시 십분의 일을 구별하여 아론(제사장)에게 주어야 했습니다(민 18:21-32).

셋째, 십일조는 음식물 형태로 드려야 하는데, 그것은 반드시 하나님께서 택하신 중앙 성소에서 소비해야 했습니다(신 12:4-19). 이것은 이웃을 사랑하는 구체적인 행위였습니다. 이스라엘 백성은 서로가 형제자매들입니다. 그들 가운데 궁핍한 사람이 없도록 서로 돌봐야 했습니다. 백성들은 소산이 없는 사람들과 먹을 것을 나눠 먹음으로써 이웃 사랑을 실천하고, 그것으로써 여호와 경외하는 것을 배웠습니다(신 14:22-27).

넷째, 삼 년에 한 번씩 소산의 십분의 일은 기업이 없는 레위인을 비롯하여 성읍의 가난한 자들을 배려하여 그들에게 주어 먹게 해야 했습니다.

다섯째, 이스라엘 역사 중에는 종교적인 의미의 십일조가 정치적인 의미의 세금과 구별되지 않게 부과된 적도 있었습니다(삼상 8:15, 17. 참조. 창 14:18-20; 28:22). "십일조"라는 용어가 그들에게 "세금"으로 이해되면서 십일조가 짐스러운 용어로 다가오기 시작했습니다.

여섯째, 이스라엘 역사 중에는 백성들이 십일조를 레위인과 제사장에게 주는 일을 잊어버려 레위인들이 백성들의 무관심 속에서 가난에 허덕이는 사건이 발생한 적이 있었습니다. 심지어 레위인들이 성전을 떠나 고향으로 돌아가는 지경에까지 이르렀습니다. 종종 강력한 통치자가 나타나 백성들에게 십일조를 촉구하고 독려하기도 했지만(대하 31:5, 6, 21; 느 10:37-39; 12:44-47), 레위인들은 지도자와 백성들의 무관심 속에 방치되었습니다. 포로 후기부터 성전에서 일하는 많은 사람들에게 지속적으로 식료품을 공급하기 위해 성전에 십일조를 저장해두는 곳간을 만들어 운영하기도 했습니다.

일곱째, 구약시대 말기에는 십일조 제도가 물욕 성취의 도구로 사용되기도 했습니다. 아모스 시대에는 십일조가 물질적인 복을 받는 수단으로 악용되었습니다(암 4:4, 5). 느헤미야와 말라기 시대에는 몇몇 제사장들의 탐욕으로 인해 레위인들에게 돌아갈 십일조가 몇몇 개인에게 빼돌려져 수많은 레위인이 보호를 받지 못한 채 방치되는 사태가 발생하였습니다(느 13:4-13; 말 3:7-10). 이것은 소수의 종교 지도자가 백성들이 낸 예물과 십일조를 독차지함으로써 낮은 지위에 있는 사람들(레위인)이 경제적인 어려움에 빠지게 된 대표적인 예입니다.

여덟째, 구약시대의 십일조는 땅과 중앙 성전과 레위인(제사장)이 존재한다는 사실 하에서 그 의미가 있습니다. 십일조의 최대의 수혜자가 가나안 땅을 분깃이나 기업을 받지 못한 레위 지파에 속한 사람들이기 때문입니다. 십일조를 반드시 하나님께서 택하신 장소인 중앙 성소에서 하나님께 드려야 한다는 사실은 성전과 제사 제도가 시행되는 것을 전제로 한다는 것을 알 수 있습니다.

아홉째, 구약의 역사 끝에, 이와 같은 옛 시대의 한계와 부족함을 염두에 두면서, 하나님께서는 제사 제도를 온전하게 할 메시아를 약속하셨습니다. 하나님의 백성은 하나님께 바른 제사를 드리고 바른 예물을 드릴 수 있는 날이 오기를 소망했습니다.

이외에 우리가 구약의 십일조 본문에서 헌상의 정신과 관련한 적극적인 교훈도 얻을 수 있습니다.

첫째, 우리의 소유는 하나님에게 속했고 하나님께 드려야 한다는 교훈입니다. 하나님께서는 이스라엘 백성들에게 그들이 소유하고 있는 땅과 그 땅에서 수고하여 얻은 소산들이 하나님에게 속했다는 사실을 상기시켰습니다. 소산의 맏물과 소산의 십분의 일과 소나 양의 열 번째 것을 구별하여 거룩하게 함으로써 말입니다. 가나안 땅을 하나님에게서 분깃으로 받은 구약의 이스라엘 백성은 이것을 더욱 생생하게 경험했겠지만, 신약시대에 살고 있는 우리도 예외는 아닙니다. 우리 역시 우리 재산의 일부분을 하나님께 드림으로써 우리의 소유가 다 하나님의 것이라는 것을 고백하며, 우리는 그것을 하나님을 경외하는 가장 좋은 길이라는 것을 배울 수 있습니다. 이것은 그리스도인의 헌상 생활의 출발점이 될 수 있습니다. 모든 것이 하나님에게서 나오기 때문에, 우리가 이 땅에서 살더라도 땅이나 물질이 우리의 기업이 아니라 하나님이 우리의 유일한 기업과 분깃이심을 알아야 합니다.

둘째, 우리가 다른 사람을 물질로 돕는 것으로써 하나님을 섬길 수 있다는 사실입니다. 하나님께서는 상대적으로 물질적인 여유를 가진 사람들에게 가난한 자 돌보기를 부탁하셨습니다. "하나님은 고아의 아버지"이십니다(시 68:5). 나그네나 고아나 과부를 도와 필요한 물질을 공급하는 것은 곧 주님께서 명령하신 명령을 행하는 것이며, 하나님을 경외하는 것과 동일합니다(신 26:13). 하나님을 사랑하는 것과 이웃을 사랑하는 것은 항상 같이 갑니다.

그러므로 우리는 이 시점에서 구약성경의 교훈이 신약시대에 어떻게 성취되고 적용되는지 질문하게 됩니다. 다음 장에서 앞에서 설명한 구약의 십일조의 예를 염두에 두면서 신구약 중간기의 문헌들을 간략하게 살피고 신약성경에 나타난 물질 드림과 십일조 문제를 살펴보려고 합니다.

4. 유대문헌의 예

이 장에서는 구약시대와 신약시대 이외에 통상적으로 중간기 시대(요즘은 “제2의 성전시대”라는 명칭을 사용합니다)에 유대인들은 구약의 십일조 제도를 어떻게 시행했는지 간단히 살펴보려 합니다. 본서에서는 구약성경과 신약성경을 제외한 주전 3세기부터 주후 1세기의 모든 문헌을 유대문헌으로 취급하고 우리의 주제를 다룰 것입니다. 여기서는 문헌 소개와 함께 비교적 간단한 설명을 곁들여 중간기 시대의 십일조 이해와 시행을 언급하겠습니다.

이 시대의 유대인들도 하나님께 무언가 드리려고 할 때 십일조를 표준으로 삼았습니다. 하지만 이 시대에 십일조 시행은 구약성경에 언급된 것과 유사한 점도 있지만, 십일조 제도가 좀 더 세분화되었든지 다른 의도로 빗나간 경우가 많았습니다.

먼저 주전 2세기경에 기록된 것으로 추측되는 외경 토비트 1:6-9에 나오는 십일조를 살펴보겠습니다. 토비트에는 세 종류의 십일조가 소개되었습니다. 거기서는 제사장에게 드리는 십일조를 첫 번째 십일조라고 명명합니다(유디트 11:13). 이것은 민수기 18:20-32에 언급된 십일조와 동일한 십일조입니다. 또 다른 하나는 예루살렘에서 소비해야 하는 십일조가 있는데, 그것을 두 번째 십일조라고 부릅니다. 이것은 신명기 12:6-17과 14:22-27에 언급된 십일조와 동일한 십일조입니다. 그리고 가난한 사람들을 위해 드리는 십일조가 있는데, 이것을 세 번째 십일조라고 부릅니다. 이것은 신명기 14:28, 29에 소개된 십일조와 같습니다.

또한 중간기 시대의 문헌에는 이스라엘 백성들이 십일조를 어떻게 생각했는지를 언급하는 부분이 있습니다. 백성들은 소산의 십일조를 기쁜 마음으로 대제사장에게 드렸습니다(유디트 5:13; 시락 35:6-11). 또한 백성들은 십일조를 거룩한 것으로 생각했습니다(마카베상 10:31).

이 시대에 십일조가 정치적인 세금과 함께 언급된 경우도 있었습니다(마카베상 3:49; 11:35).

요세푸스는 그의 책에서 주후 1세기에도 위와 같이 세 종류의 십일조가 존재하고 있었음을 밝힙니다.[50] 그런데 요세푸스의 글에 따르면, 주후 1세기에는 십일조가 레위인보다는 제사장들에게로 돌아갔습니다.[51] 십일조의 직접적인 수혜자가 가난한 레위인이 아니라 종교적 지도자인 제사장과 연결되었다는 말입니다. 성전에서 좀 더 권력을 쥐고 있는 종교 지도자들(대제사장들)이 현물 가치가 있는 십일조를 자기 권력 아래 두고 직접 관리했음을 알 수 있습니다. 돈이 있는 곳에 권력이 모인다는 현대의 속담이 그 당시에도 적용이 된 것 같습니다.

예수님이 이 땅에 계실 때 대제사장이었던 안나스가 십일조를 자기나 측근 사람들만 전유하는 바람에 많은 평제사장들이나 레위인들은 빈곤에 허덕이거나 심지어 굶어죽는 일까지 있었던 것이 좋은 예입니다.[52]

---

50) 요세푸스, 『고대사』, iv 8.8.

51) 요세푸스, 『고대사』 xi.5.8; 『아피온 반박문』 I, 22. 구약성경에는 십일조가 우선적으로 레위인과 관련하여 언급된 반면에 1세기에 십일조가 구약의 제사 제도와 관련을 지으면서 제사장과 관련을 짓는 경우는 신약성경에서도 찾아볼 수 있습니다. 참조. 히 7:5.

52) 요세푸스, 『고대사』, xx 8.8; 9.2. 예수님 당시에 제사장은 7,200명, 레위인은 9,600명가량 있었다는 것을 생각하면, 대제사장이 십일조를 독식하는 상황에서 얼마나 많은 종교인들이 가난해 허덕였을지 짐작할 수 있습니다. 그래서 예레미야스(J. Jeremias)는 1세기 레위인을 경제적인 면에서

이 시절의 상황은 느헤미야가 활동하던 시대의 상황과 크게 달라 보이지 않습니다.

미쉬나(Mishnah)[53]에는 십일조에 대한 가르침을 마세롯(Masseroth) 항목에서 다룹니다. 그 항목에 이스라엘이 십일조를 드려야할 식물에 대한 일반적인 규정이 이렇게 소개되었습니다. "알리기에 좋고 관상용으로 사용되는 것과 땅에서 자라는 모든 것은 십일조를 할 만하다" (Masseroth 1:1). 이 말은 우리가 먹을 수 있는 어떤 식물이든지 십일조를 드려야 할 대상이라는 의미입니다(1:1이하; 3:9; 4:6).[54]

이러한 미쉬나의 엄격한 십일조 지침은 예수님 당시 바리새인들의 십일조 생활에 결정적인 영향을 주었습니다. 그래서 바리새인들은 "박하와 회향(운향)과 근채(채소)의 십일조"까지 엄격하게 드렸습니다(마 23:23; 눅 11:42; 18:12). 일례로 마세롯 4:5에 있는 향료에 대한 언급을 인용해 보겠습니다. "랍비 엘리세르는 '씨와 잎과 향료의 씨앗의 십일조를 바치라'고 말한다. 하지만, 학자들은 십일조가 냉이나 운향의 씨와 잎의 십일조만을 바치라고 말했다." 랍비들 사이에 의견의 불일치가 있는 것까지 생각하여, 바리새인들은 어느 랍비의 교훈이 율법을 정확하게 지키는 데 유리한지를 고려하면서까지 십일조를 드렸을 것이라고 추측할 수 있습니다. 이것은 바리새인들이 십일조의 요구를 충족시키기 위해 얼마나 정확하게 십일조를 내려고 했는지 보여주는 일례에 지나지 않습니다.

가난한 자에 해당한다고 단정합니다. Joachim Jeremias, 『예수님시대의 예루살렘』 (서울: 한국신학연구소, 1988), 264.

53) 미쉬나는 율법을 해석한 장로들의 구전 전승을 주후 2세기에 타나임 학파에 속한 유다가 성문화한 책입니다. 그러므로 주후 2세기 이전에는 미쉬나의 내용이 구전으로만 존재했습니다. 예수님이 "장로의 전통"이라고 명명한 것이 바로 그 구전이고, 미쉬나의 전신입니다(참조. 막 7:3, 4).

54) J. Neusner, *Judaism: The Evidence of the Mishinah* (Chicago: The University of Chicago Press, 1981), 294. 또한 Herbert and Danby, *The Mishnah* (Oxford: Oxford University Press, 1958)을 보십시오.

미쉬나에 근거하여 유대 탈무드에 열거된 십일조의 종류를 라이트푸트(Lightfoot)는 다음과 같이 요약하였습니다.

> *탈곡과 키질한 곡식 중에서 십분의 일 분량은 제사장에게 바치는데 이것을 '마루마 가돌라'(the great offering)라고 불렀다. 남은 것 중에서 십분의 일 분량은 레위인에게 속한다. 이것은 '라숀 마세르'(the first tenth 또는 tithe)라고 불렀다. 다시 남은 것에서 십분의 일을 취하였는데, 이것은 '마세르 쉐니'(the second tithe)라고 불렀다. 마지막 네 번째로 레위인은 자기 것의 십분의 일을 제사장에게 주는데 이것을 '마세르 하마세르'(the tithe of the tithe)라고 불렀다.*[55]

미쉬나에는 가축의 십일조에 대해서도 언급되어 있습니다. 두 번째 십일조라고 불리는(Masser Sheni 1:2) 가축의 십일조는 이스라엘 백성이 반드시 행해야 하는 의무 가운데 하나였습니다(Hagigah 1:4). 그것은 지극히 거룩하므로(Shekalim 1:7; 3:1) 팔거나 다른 것과 교환해서는 안 되었습니다(Masser Sheni 1:2). 이것은 레위기 27:30-33에 언급된 십일조와 유사합니다.

이렇듯 외경의 십일조에 대한 언급은 거의 대부분이 구약의 십일조를 그대로 반영하였습니다. 바리새인들은 주로 미쉬나의 도움을 받아 십일조 규정을 엄격하게 지키려고 했습니다. 이제 신약성경에서는 이 문제가 어떻게 설명되고 평가되었는지 살펴볼 차례입니다.

---

55) J. Lightfoot, *A Commentary on the New Testament from the Talmud and Hebraica* (Peabody: Hendrickson, 1859, 1989), 2: 298.

제 3장

신약시대의 십일조와 연보

제 3장
신약시대의 십일조와 연보

신약성경에 십일조를 언급하는 본문은 서너 구절밖에 없습니다. 마태복음 23:23; 누가복음 11:42; 18:12 그리고 히브리서 7:1-10이 "십일조"라는 단어가 언급된 유일한 본문들입니다. 그나마 이 본문들은 십일조 제도를 설명하거나 십일조를 명령하는 본문이 아니라 십일조를 행하고 있는 바리새인들의 행동을 비난하거나 구약성경에 등장하는 인물을 언급하면서 그가 십일조를 드린 것이 받는 사람과 어떤 관계를 보여주는지를 설명한 경우들입니다. 신약성경에서 십일조라는 단어가 등장하게 된 배경과 거기서 강조하는 바가 무엇인지를 차례로 살펴보겠습니다.

1. 더 중요한 것을 버리고 엄격한 십일조에만 관심 갖는 바리새인 (마 23:23; 눅 11:42)

복음서에 기록된 십일조와 관련된 언급은 십일조를 정확하게 내는 데는 관심이 있었지만 율법의 더 중요한 요구를 간과하고 있던 바리새인들과 서기관들을 예수님께서 꾸짖으시는 상황에 등장합니다. 복음서에 있는 두 본문은 다음과 같습니다.

화 있을진저 외식하는 서기관들과 바리새인들이여 너희가 박하와 회향과 근채의 십일조는 드리되 율법의 더 중한 바 정의와 긍휼과 믿음은 버렸도다 그러나 이것도 행하고 저것도 버리지 말아야 할지니라(마 23:23).

화 있을진저 너희 바리새인이여 너희가 박하와 운향과 모든 채소의 십일조는 드리되 공의와 하나님께 대한 사랑은 버리는도다 그러나 이것도 행하고 저것도 버리지 말아야 할지니라(눅 11:42).

마태복음과 누가복음은 사실 동일한 내용을 다루고 있습니다. 마태복음의 본문은 예수님이 서기관과 바리새인 등 두 집단에게 화("화 있을 진저")를 선언하시면서 언급하신 말씀입니다. "너희가 박하와 회향과 근채의 십일조는 드리되 율법의 더 중한 바 정의와 긍휼과 믿음은 버렸도다('아페카테', ἀφήκατε)"(마 23:23a). 이 말씀에 이어 예수님은 "그러나 이것도 행하고 저것도 버리지 말아야 할지니라"라고 말씀하셨습니다(23:23b).

누가복음 본문은 예수님이 바리새인의 행동만을 겨냥하여 주신 말씀입니다. "너희가 박하와 운향과 모든 채소의 십일조는 드리되 공의와 하나님께 대한 사랑은 버리는도다('파레르케스데', παρέρχεσθε)"(눅 11:42a). 그리고 계속해서 예수님은 "그러나 이것도 행하고 저것도 버리지 말아야 할지니라"라고 말씀하셨습니다(눅 11:42b).

이처럼 두 본문이 동일한 패턴으로 되어 있어 언뜻 보면 마태복음의 말씀과 누가복음의 말씀이 거의 동일합니다. 하지만 자세히 살펴보면 두 본문에서 강조점이 다른 단어들이 사용되어 예수님께서 비난하시는 대상과 그들이 행한 행위에 대한 강조가 약간은 다르다는 것을 알 수 있습니다.

첫째, 예수님이 말씀하시는 대상과 관련하여, 마태는 서기관과 바리새인을 대상으로 삼습니다. 반면에, 누가는 그 대상을 바리새인으로 한정합니다. 마태는 예수님이 바리새파의 신학을 연구하고 가르치는 서기관과 서기관이 규정한 율법 해석을 삶에 실행하는 사람들(바리새인)을 같은 부류로 묶어 십일조를 실행할 때 드러난 그들의 외식을 나무라시는 것에 초점을 맞춥니다. 누가는 율법을 실행하는 데 관심이 있고 실제로 율법대로 살려고 노력하는 실행자(바리새인)만을 겨냥하여 예수님께서 이 말씀을 하셨다고 기록합니다.[1)]

둘째, 예수님이 하신 말씀의 내용과 관련하여, 마태는 서기관과 바리새인들이 "박하와 회향과 근채의 십일조"를 드렸지만 "율법의 더 중한 바 정의와 긍휼과 믿음은 버렸다('아페카테')"고 평가합니다. 누가는 바리새인들이 "박하와 운향과 모든 채소의 십일조"는 드렸지만 "공의와 하나님께 대한 사랑은 버리고 있다('파레르케스데')"고 평가합니다.

우선 바리새인들이 드리는 문제의 십일조에 대하여 마태는 "박하와 회향과 근채"를 열거했고, 누가는 "박하와 운향과 모든 채소"를 언급해서 "박하"를 제외하고는 나머지 물품이 다른 것으로 소개했지만, 예수님이 문제 삼은 것은 바리새인들이 땅의 소산 중에서 지극히 세부적인 것까지도 십일조로 드리는 데 관심을 갖고 있다는 사실을 지적하는 점에 있어서는 공통적입니다. 단지 마태와 누가는 바리새인들이 땅의 소산 중에서 십일조를 엄격하게 드린 예로 각각 "박하와 회향과 근채"와 "박하와 운향과 채소"라고 다르게 제시한 것뿐입니다.[2)]

바리새인들이 버렸다는 것에 대해 두 복음서마다 다르게 언급합니다. 마태는 서기관과 바리새인들이 "정의와 긍휼과 믿음"을 버렸다고 언급합

---

1) 실제로 마태는 당시 외식하는 바리새인들을 비난하시면서 신학자인 서기관과 실행자인 평신도들(바리새인)을 묶어서 예수님의 비난의 대상으로 지목합니다(마 23장). 마태와 다르게, 누가는 그의 복음서에서 신학자인 서기관(또는 율법 교사)과 율법을 생활에 실천하는 바리새인을 구별하여 언급합니다. 그래서 마태복음 23장에 있는 내용과 동일한 것을 소개하면서 누가는 바리새인과 율법교사와 구분하여 설명하는 것입니다. 누가복음 11장에서 바리새인과 관련된 본문은 37-44절이고, 율법교사와 관련된 본문은 45-52절입니다.

2) 말라기 3:10에 언급된 "온전한 십일조"를 정확한 액수의 십분의 일을 가리킨다고 믿는 사람이라면, 그 예를 마 23:23과 눅 11:42에서 찾아야 할 것입니다. 그런데 모순되게도 현실적으로는 바리새인의 예가 온전한 십일조를 의미한다고 믿기는 어려울 것입니다.

니다. 율법을 지키는 데 관심이 있던 마태는 서기관과 바리새인이 꼼꼼하고 정확하게 실천하고 있는 십일조 실행보다 정의와 긍휼과 믿음(또는 언약적 신실함)이 "더 중한" 것임을 강조합니다. 그리고 마태는 서기관과 바리새인들이 율법의 더 중한 것을 "버렸다"고 무척 강하고 적극적인 행동을 나타내는 동사를 사용하여 비난합니다.

반면에, 누가는 바리새인들이 "공의와 하나님께 대한 사랑"을 버리고 있다고 지적합니다. 마태가 말하는 긍휼이 이웃을 사랑하는 것이라는 점에서 누가가 복음서에서 강조하는 하나님께 대한 사랑과 비슷한 점이 있을 것입니다. 어찌 되었든지, 나중에 다룰 누가복음 18장 11, 12절에 묘사된 바리새인의 기도에서 발견하겠지만, 누가는 당대 바리새인들이 십일조를 드림으로써 자신이 율법을 잘 지키고 있다는 자기 의를 주장하는 것과 다르게 정작 하나님께 대한 사랑은 버리고 있다고 고발하는 것입니다.

또한 누가는 마태가 사용한 "버린다"는 단어보다는 그 의미가 조금은 약한 "간과하다," "지나치다"라는 단어를 사용했습니다. 그렇다고 하더라도 우리가 훨씬 더 마음을 기울여야 할 하나님께 대한 사랑은 간과하고 지나치면서도 율법의 세부적인 면에 관심을 기울이는 것을 잘못이라고 지적한 누가의 표현은 예수님의 의도를 반영하기에 충분합니다. 그래서 예수님께서 이들에게 "화 있을진저"라고 선언한 것은 전혀 무리가 아닙니다. 바리새인들의 행동은 다른 신자들을 잘못된 길로 인도하는 행동이기에 예수님의 비난을 살 만합니다.

이와 같은 차이가 발생한 것은 마태와 누가가 저마다 강조하려는 그들의 신학과 관심사에 따라 다른 단어들을 채용했기 때문일 것입니다.

구약성경에서 십일조 드리기가 명문화되었고, 그것이 얼마나 하나님을 경외하는 구체적인 행동인지 강조되어 있습니다. 그런데 이와 다르게, 예수님께서는 십일조를 정확하게 지키는 사람들에게 "화"가 있다고 선언하셨습니다. 그분은 당대에 종교인들이 삶의 외적인 부분을 강조하는 대신에 영적인 것을 간과하거나 적극적으로 저버리고 있다는 현실을 폭로하셨습니다. 원래 구약성경에 십일조 목록에 구체적으로 열거되지 않은 박하를 비롯하여 향료와 채소까지 엄격하게 십분의 일을 드린 이들의 행동은 오히려 율법의 더 중요한 공의와 믿음과 하나님께 대한 사랑을 무시하는 결과를 낳았다고 말입니다.[3] 결국 마태복음이나 누가복음에서 예수님이 강조하시려는 것은 "마땅히 행해야 하지만 간과하고 있는 것과 (덜 중요하지만) 실제로 행하고 있는 것 사이의 대조"입니다.[4] 그렇다면, 예수님이 마땅히 행해야 할 것과 실제로 행하고 있는 것의 상관관계를 어떻게 정리해주셨을까요?

마태복음 23:23b과 누가복음 11:42b는 바리새인이 무시하거나 간과하고 있다고 표현한 단어들(각각 "아피에미"〈버리다〉와 "파레르코마이"〈간과하다〉의 부정사)을 제외하고는 어구가 정확하게 동일합니다. 예수님은 이렇게 말씀하셨습니다. "그러나 이것도 행하고 저것도 버리지 말아야 할지니라(ταυτα δε ἔδει ποιησαι κἀκειηα μη ἀγιέναι 〈παρειναι〉)."

많은 사람들이 두 본문의 후반부에 등장하는 이 말씀을 신약시대에도 십일조를 해야 한다는 주님의 공인된 말씀으로 이해하고 있습니다. 정말 본문이 신약시대에도 바리새인처럼 세부적인 것까지 모든 식료품의 십분의 일을 정확하게 드리라는 뜻일까요?

본문의 의미에 대해 피숴(L. Vischer)가 "신약성경 어디에도 해마다 십일조를 드리기를 요구하는 곳이 없다. 그리스도 자신은 물론이거니와

3) D. L. Bock, Luke, vol 2: 9:51–24:53, BECNT (Grand: Baker, 1996), 1115–16; J. B. Green, *The Gospel of Luke*, NICNT (Grand Rapids: Eerdmans, 1997), 472.

4) I. H. Marshall, *The Gospel of Luke*, NIGTC (Grand Rapids: Eerdmans, 1978), 498.

그분의 제자들도 그런 요구를 알지 못했다"고 단정적으로 해석한 것은 어쩌면 정직한 언급일 것입니다.[5] 마태복음 23장에 언급된 십일조에 관한 예수님의 말씀이 우리에게 "공의와 긍휼과 믿음"을 버리지 않는다면 바리새인이 하는 십일조의 모범을 본받아야한다는 뜻으로 주어진 것이라면, 왜 복음서에는 예수님과 그의 사도들이 이처럼 중요하게 십일조를 실행한 예를 전해주지 않았을까요? 또 예수님과 그분의 말씀을 들은 사도들이 초대교회에게 십일조를 엄격하게 실행하라고 적극적으로 가르치지 않았을까요?

우리는 이 질문을 이런 식으로 표현할 수 있습니다. 예수님이 십일조와 관련한 랍비들의 성경 해석과 바리새인들의 행위 자체에는 잘못된 것이 없음을 인정하시면서 후대에도 그들처럼 행하라고 권장한 것인지, 아니면 예수님은 단지 (더 중한 것을 동반한다면) 바리새인들의 엄격한 율법 준수를 용인하신 것인지 말입니다. 이 질문에 대한 대답은 예수님이 말씀하신 "그러나 저것(엄격한 십일조 행하기)도 버리지 말아야 할지니라"라는 말씀을 어떻게 해석하느냐에 달려 있습니다.

복음서의 문맥으로 보아서는, 후자(랍비들의 해석과 관련된 언급)가 더 그럴 듯해 보입니다. 마태복음과 누가복음에서 바리새인들에게 가해지는 화의 내용을 보면, 예수님은 바리새인들이 말하는 것과 행동하는 것이 서로 일치하지 않으며(마 23:3-5, 15, 29-36), 더 중요한 것과 덜 중요한 것을 혼동하며(23:16-22, 24, 25-26), 그들의 행동이 하나님이 아니라 사람에게 보이려는 데 있음을 책망하십니다(23:27-28. 참조. 마 6:1-4, 5-6, 16-18). 그러므로 마태복음 23:23이나 누가복음 11:42을 슬쩍 읽고, 십일조가 신약시대에도 신자들에게 부과된 의무 규정이라고

---

5) L. Vischer, *Tithing in the Early Church* (Philadelphia: Fortress, 1966), 9. 그리고 호돈(G. F. Hawthorne은 초대교회가 (복음으로 말미암은) "자유함"을 얻었고 율법의 외형적인 준수가 성령의 내적인 감동으로 바뀌었기 때문에 "십일조"를 실행하지 않았다는 사실을 확인하였습니다. 그래서 신약에서는 십일조가 과거의 일이 되어버렸다고 정확하게 지적합니다. "Tithe," *Dictionary of the New Testament Theology*, ed. by C. Brown (Grand Rapids: Zondervan, 1971, 1978) 3: 855.

너무 성급하게 결론을 내리는 것은 섣부른 판단입니다. 본문 자체에서도 이 사실이 강조됩니다. 본문을 찬찬히 해석해봅시다.

마태복음 23:23은 예수님이 서기관들의 가르침과 바리새인들과 일상 생활에서 자행되는 율법주의를 다루고 계신 맥락에서 주신 말씀입니다. 서기관과 바리새인들은 신명기 14:22-23에 명기된 "곡식과 새 포도주와 기름의 십일조" 규정을 정확히 지키려고 장로들의 전통에 의존하였습니다. 장로들의 전통(미쉬나)은 십일조 규정을 정확히 지키기 위해서는 가장 작은 식물 중에서라도 엄격하게 십분의 일을 드려야 한다고 요구하고 있습니다. 그래서 장로들은 밭에서 생산되는 식물 중에서 열매를 내는 것이라면 박하와 회향(운향)과 근채(채소)라도 십일조를 내야 하는 식물에 포함시켰던 것입니다.

물론 이것은 율법(특히 신명기 14:22-23)이 요구하거나 율법의 의도와 아무런 상관이 없으며 과도하게 율법을 준수하는 것에 속합니다. 그런데도 서기관들은 장로들의 유전에 해석된 것이 옳다고 인정하면서 십일조에는 반드시 이와 같이 작은 식물까지 포함시켜야 한다고 가르쳤고 바리새인들은 그것을 실행하려고 노력했습니다.[6] 예수님은 그들이 율법을 엄격하게 지키려고 하는 것 자체는 나쁠 것이 없다고 생각하셨고 그런 행위 자체를 비난하실 의도는 없으셨습니다.[7] 예수님은 다만 서기관과 바리새인들의 외식과 말하는 것과 행동하는 것의 모순, 더 중요한 것과 덜 중요한 것을 혼동한 것을 지적하려는 데 관심이 있으셨습니다. 예수님이 말씀하시려는 상황에서는 그들의 율법 해석 자체를 문제 삼아 비판하는 것은 논외의 문제였습니다. 그래서 십일조와 관련하여 말씀하시는 중에서도, 예수님은 서기관과 바리새인들이 지키는 엄격한 십일조 자

6) D. Hill, *The Gospel of Matthew*, NCB (Grand Rapids: Eerdmans, 1981), 313.

7) L. Morris, *The Gospel According to Matthew* (Grand Rapids: Eerdmans, 1992), 582.

체에 대해서는 전혀 언급하지 않으신 것입니다. 예수님이 침묵하셨다고 그분이 서기관들의 해석의 정당성을 인정하셨다는 의미가 아니라는 말입니다.

예수님의 말씀의 핵심은 서기관과 바리새인들이 세부적인 것에 과도하게 관심을 기울여 율법을 철저하게 지키려고 함으로써 율법의 더 중요한 것을 버렸으며 성경에서 더 분명하게 언급하는 요구를 무시했다는 것을 지적하는 데 있습니다. 그들이 무시한 것은 "더욱 무거운 것," 즉 좀 더 핵심적이고 가장 결정적인 것, 또는 주변적이거나 사소한 것에 대해 "더 비중이 있는 것"이었습니다.[8] 율법에서는 물론이고, 심지어 유대교 내에서라도 더 중요한 것을 간과하는 한, 율법의 수많은 세부적인 것을 엄격하게 지키는 행위는 의미가 없다는 것이 예수님의 비난의 핵심입니다.

율법이 요구하는 것은 하나님을 사랑하는 것, 공의로운 것, 이웃을 사랑하는 것, 언약에 신실하는 것 등 참 종교의 강령(정의와 긍휼과 믿음과 사랑)입니다. 하나님을 사랑하는 것과 이웃을 사랑하는 것은 제사를 드리는 것이나 의식법을 준수하는 것보다 더 중요하고, 그것만으로도 충분한 의미와 가치가 있습니다.[9] "마음을 다하고 지혜를 다하고 힘을 다하여 하나님을 사랑하는 것과 또 이웃을 자기 자신과 같이 사랑하는 것이 전체로 드리는 모든 번제물과 기타 제물보다 나으니이다"는 말씀처럼 말입니다(막 12:33). 예수님은 하나님을 사랑하는 것을 크고 첫째 되는 계명으로, 이웃 사랑을 두 번째로 큰 계명이라고 말씀하셨습니다(마 22:37-40; 눅 10:27). 이런 면에서, 바리새주의가 관심을 갖는 세심한 율법주의는 "기껏해야 약간 선심 쓰는 것처럼 보이는 것에 불과합니다." 이런 종교 행위가 중시되는 곳에는 다른 사람을 생각하는 긍휼이 발붙일

---

8) D. A. Carson, *Matthew*, Expositor's Bible Commentary (Grand Rapids: Zondervan, 1984), 48

9) R. T. France, *Matthew*, Tyndale (Downers Grove: IVP, 1985), 328

곳이 없습니다. 그러므로 우리는 예수님이 여기서 바리새인들의 세부적인 규정을 폐지하는 것보다는 율법의 진정한 내용과 의미가 율법에 대한 바리새인들의 모든 규정의 기초라는 것을 일깨우는 데 더 목적을 두고 계시다는 것을 알 수 있습니다.[10]

마태복음 23:23 다음에 바로 이어지는 말씀에서 우리가 내린 결론이 정당하다는 것을 발견할 수 있습니다. "맹인 된 인도자여 하루살이는 걸러 내고 낙타는 삼키는도다"(마 23:24). 하루살이와 낙타 둘 다 유대인에게는 부정한 동물이지만(레 11:4), 율법교사와 바리새인들은 작은 하루살이를 걸러내면서, 하루살이보다 덩치가 훨씬 더 큰 동물인 낙타를 삼키는 모순을 저질렀던 것입니다.

이런 의미에서 "이것도 행하고 저것도 버리지 말라"는 예수님의 말씀은 예수님께서 정말 십일조 행하기와 율법의 더 중요한 것을 보유하기 등 두 가지를 다 행할 것을 권하는 말씀이 아니라 (바리새인들에게) 율법 행하는 것의 "상대적인 중요성"을 말씀하시면서 "율법의 더 중한 것"에 관심을 돌리려는 데 그 목적이 있습니다. [11]

그런데 왜 예수님은 듣는 사람들(특히 현대 교회의 성도들)이 혼동을 일으키게 "그러나 이것도 행하고 저것도 버리지 말아야 할지니라"라고 말씀하셨을까요? 좀 더 명확하게 말씀해 주셨더라면 좋지 않았겠습니까. 그러나 본문 본래의 의미를 오해하게 되는 것은 우리가 번역 성경으로 본문을 읽기 때문에 예수님의 속 깊은 뜻을 간취하지 못하는 데 그 까닭이 있습니다. 헬라어의 언어 사용례에 비춰볼 때, 본문에 사용된 표현 중에서 당위적인 어감을 띠는 듯이 보이는 "할지니라('에데이', ἔδει)"가

---

10) H. Ridderbos, *Matthew*, BSC (Grand Rapids: Zondervan, 1950-51, 1987), 428-29.

11) Carson, *Matthew*, 481; A. H. McNeile, *The Gospel According to St. Matthew* (Grand Rapids: Baker, 1915), 336; Blomberg, 『가난하게도 마옵시고』, 195.

미완료 과거라는 사실에 주목할 필요가 있습니다. 놀란드(J. Nolland)는 미완료 과거형 "에데이"가 "사실과 반대되는 현재 조건의 귀결"을 표현하기 위해 사용된다는 사실에 주의를 환기시킵니다. 그 의미를 번역어로 정확하게 옮기기는 어렵지만 최대한 본문의 의미를 살려 번역하면 이렇게 번역할 수 있습니다. "너희가 (진정) 하나님의 뜻을 행하려 한다면" (사실 그들에게 전혀 그럴 마음이 없었지만), "이러 저러하게 행동 했어야 했다"(If you were to do the will of God, it would be necessary to……)가 될 것입니다.[12)]

누가는 마태복음에 사용된 "버리다"라는 의미의 "아페카테(ἀφήκατε)"를 소극적인 용어인 "지나치다" "무시하다"라는 뜻을 가진 "파레르케스데(παρέρχεσθε)"로 바꾸어 사용함으로써 바리새인이 중요한 것에 관심을 기울일 마음이 아예 없었음을 강조합니다. 그 이유에 대하여 놀란드도 바리새인들이 마땅히 행해야 하는 것(정의, 자비, 신의를 행하는 것)을 행하지 않고 간과하며 전혀 관심의 대상으로 삼지 않았음을 강조한다고 정확하게 지적합니다.[13)]

그래서 카슨(D. A. Carson)은 본문의 의미를 잘 간파하면서 "그러나 이것도 행하고 저것도 버리지 말아야 할지니라"는 어구는 "예수님이 바리새인으로서 마땅히 행했어야 하는 것(정의와 긍휼과 믿음)을 서술하시는 것뿐이지(Jesus describes what the Pharisees should have done-justice, mercy and faithfulness), '저것도'로써 바리새인들이 어떤 것이든 십일조를 꼬박꼬박 내듯이 엄격하게 십일조를 낼 것을 가르친 것이 아니다"라고 바르게 지적합니다.[14)]

말하자면 이것은 당시 예수님이 외식적인 종교인들인 서기관과 바리

---

12) J. Nolland, *Luke 9:21–18:34*, WBC 35B (Dallas: Word Books, 1993), 665–66.

13) J. Nolland, Luke 9:21–18:34, 665.

14) *Carson, Matthew*, 481.

새인들을 염두에 두시면서 그들의 행동의 잘못을 꼬집기 위해 말씀하신 일종의 비꼬는 "언어적 표현 방식"입니다. 그렇다면 뱅크스(R. Banks)가 정곡을 찌르면서 요약했듯이, 예수님께서 이 말씀을 하신 의도는 이것입니다. "너희가 진정 원다면 그런 사사로운 규칙들을 지켜라. (그 규칙을 지키고 지키지 않고는 나의 관심사가 아니다!) 다만 정말 문제시되는 것들을 간과하지 말라."[15]

그러므로 "저것도 버리지 말라"[16]는 것을 예수님이 바리새인의 십일조 실천 자체에 문제가 전혀 없다고 판단하시면서 후대 교회에게도 그렇게 행하기를 권하셨다고 보는 것은 본문을 무척 순진하고 피상적으로 읽는 것입니다. 예수님이 하신 말씀은 단지 엄격한 십일조 준수와 자비를 요구하는 율법 사이에 모순이 있어서는 안 된다는 것을 지적하는 것뿐입니다.[17] "저것도 버리지 말라"는 말씀은 바리새인들이 "심지어 가장 작은 식물에까지 십일조를 하기를 원한다면 잘 하는 일이고 그것은 좋은 일이지만, 동시에 율법의 가장 중요한 것들인 이웃 사람들의 복지에도 관심을 기울이라"는 의도가 내포된 말씀으로 이해해야 합니다.[18]

원칙상, 서기관들이 율법 해석에 가한 사소한 것들은 그것이 율법의 원리와 상충되지만 않는다면 그들이 관심을 가지고 하는 행동은 정당성이 인정됩니다. 예수님은 그 행동을 말릴 생각도 없고, 권장할 마음도 없으셨습니다. 다만 십일조 제도로써 실천해야 할 것과 율법이 요구하는 것은 하나님을 믿는 것과 이웃 사랑, 즉 구제를 실천하는 것입니다. 그래

15) R. Banks, *Jesus and the Law in the Synoptic Tradition*, SNTS Monograph 28 (Cambridge: Cambridge University Press, 1975), 180.

16) "버리지 말아야 한다"(μὴ ἀφιέναι)는 것은 문법적으로 "행하고"(ἔδει + ποιησαι)와 같은 의미를 지닙니다. McNeile, *Matthew*, 336.

17) R. Gundry, *Matthew* (Grand Rapids: Eerdmans, 1982), 464.

18) D. A. Hagner, *Matthew 14–28*, WBC (Waco: Word Books, 1995), 670.

서 우리 주님도 "그 안에 있는 것으로 구제하라 그리하면 모든 것이 너희에게 깨끗하리라"라고 요구하셨습니다(눅 11:41). 율법에 명기된 십일조 제도의 정신과 정확히 일치하는 말씀입니다.

그러나 예수님 당대에는 이러한 율법의 가르침과 정 반대의 상황이 벌어진 것입니다. 신학자로서 서기관과 그들이 해석한 신학에 따라 율법을 생활에 실천하려고 노력하는 바리새인들은 가벼운 것(즉, 사소한 것)에 목숨 걸었기 때문입니다. 자신들이 관심을 가진 율법 지킴과는 대조적으로 서기관과 바리새인들은 하나님에 대한 사랑과 공의를 버렸고 무시했습니다. 슈바이처는 핵심을 한 마디로 잘 정리했습니다. 예수님의 말씀에서 결국 "십일조를 지켜야 한다는 명제는 제거된다"고 말입니다.[19]

2. 십일조를 자기 의의 기준으로 삼은 바리새인(눅 18:12)

바리새인들이 율법의 더 중요한 것에는 관심을 두지 않으면서도 십일조를 정확하게 내는 상황과 왜 그들이 그렇게 했는지 이유를 알 수 있는 단서는 누가복음 18:12에서 찾을 수 있습니다. 본문 내용은 다음과 같습니다.

> 11 바리새인은 서서 따로 기도하여 이르되 하나님이여 나는 다른 사람들 곧 토색, 불의, 간음을 하는 자들과 같지 아니하고 이 세리와도 같지 아니함을 감사하나이다
> 12 나는 이레에 두 번씩 금식하고 또 소득의 십일조를 드리나이다 하고 (눅 18:11, 12).

19) E. Schweizer, 『마태오복음』, 국제성서주석 (서울: 한국신학연구소, 1976, 1986), 465.

이 말씀은 예수님이 “자기를 의롭다고 믿고 남을 멸시하는 사람”을 겨냥하여 주신 비유에 들어 있습니다(눅 18:9–14). 예수님은 하나님 앞에서 의롭다함을 받는 사람이 진정 누구인지 설명하려고 전혀 상반되는 두 사람(바리새인과 세리)을 예로 드셨습니다.

누가복음 18:12, 14에 따르면, 바리새인은 금식하고 “소득의 십일조”를 엄격하게 드리는 것으로 하나님 앞에서 자기의 의로움을 내보입니다. 그는 다른 사람들과 같지 않음(그래서 “구별되었음”[20])을 하나님께 감사하고, 이와 동등한 비중으로 소득의 십일조를 드리는 것을 그가 다른 사람들과 같지 않은 증거로 제시합니다. 예수님이 이 비유를 말씀하시면서 “스스로 의롭다고 믿고 남을 멸시하는 사람”에 대하여 비유로 말씀하신다고 했으니, 바리새인이 하나님께 “소득의 십일조”를 드리는 것은 그가 스스로 의롭다고 믿은 근거에 해당합니다. 말하자면, 바리새인은 십일조를 드리는 것을 자기의 의로움을 얻으려는 것으로 또는 자기가 의롭다는 증거로 생각했습니다.

그러나 당대 대부분의 사람들이 예상했던 것과 다르게, 예수님은 바리새인의 생각의 허점을 지적하셨습니다. 바리새인은 자기가 행하는 몇 가지 일들(금식과 엄격한 십일조 등)로 하나님께 의롭다함을 얻으려고 했지만, 예수님은 그의 행위가 하나님 앞에서 조금도 의롭지 않다고 선언합니다. 정작에 의롭다함을 받은 사람은 죄인인 세리였고, 바리새인은 아니었으니 말입니다(눅 18:14).

그렇다면, 이처럼 바리새인이 십일조를 드리는 것으로 자기 의를 삼으려는 상황에서도 예수님이 십일조 행위를 당장 금하거나 그것을 중지하라고 요구하지 않은 이유는 어디에 있을까요?

---

20) “바리새”라는 단어가 “구별된 사람들”이라는 뜻임을 알면 바리새파에 속한 사람들의 특이한 행동을 이해할 수 있을 것입니다.

마샬(H. I. Marshall)은 바리새인들의 정결 예법이 잘못되었다고 분명히 파기하신(마 15:1–20; 막 7:1–23) 예수님께서 틀림없이 십일조와 관련한 율법을 견지하라고 요구하지는 않으셨을 것이라고 단정합니다. 하지만 마샬은 예수님이 당대에는 정결 예법에 관한 구전(장로의 전통)을 거부하셨으면서도 십일조 원리를 유지하기를 허용하신 것은, 십일조의 원리가 이웃 사랑과 같은 "박애적인 목적(humanitarian purpose)"을 지녔기 때문이었을 것이라고 평가합니다.[21] 하지만, 단커(F. W. Danker)는 신약 계시의 흐름을 좀 더 폭넓게 이해하면서 다음과 같이 밝힙니다.

> *누가가 이 글을 여기(눅 11:42)에 언급한 데에는 (이유가 있다). 유대인 출신의 그리스도인들은 그들의 조상의 풍습대로 (십일조를 바치는 일을) 행하지만, 이방인 출신의 그리스도인들은 그(율법을 지키는) 점에서 자유로웠다(행 15장). 다만 이방인들은 "(유대인들이) 우리에게 가난한 자들 생각하는 것을 부탁하였으니 이것을 나도 본래 힘써 행하노라"(갈 2:10)라는 바울의 견해에 따라 의식적이든 아니든 모든 사람이 일반적인 관심사로서 가난한 사람들을 돕는 데 책임이 있고, 실제로 그들을 도와야 한다는 사실을 지적하기 위해서였다.*[22]

단커는 이 말로써 신약성경에는 이방인 출신의 그리스도인들로 구성된 신약 교회에게 유대인들에게 요구하던 십일조를 하라는 언급이 없는 중요한 이유를 설명하고 있습니다(참조. 약 1:27).

---

21) Marshall, *Luke*, 498.

22) F. W. Danker, Jesus and the New Age: *A Commentary on St. Luke's Gospel* (Philadelphia: Fortress, 1988), 240. 괄호 안에 있는 내용은 제가 독자들의 편의를 돕기 위해 첨가한 것입니다.

이런 의미에서 복음서의 십일조 본문은 여전히 구약시대의 상황이 영향을 미치고 있는 상황에서 예수님이 십일조에 대해 말씀하신 것으로 이해해야 합니다. 예수님께서 말씀하신 대상이 바리새인이라는 점이 이러한 결론에 더욱 무게를 실어줍니다. 예수님께서 바리새인들에게 이 말씀을 하신 당시에는 그분의 구속 사역이 아직 완성되지 않은 시기였고, 여전히 구약의 엄격한 요구들이 유효한 시기였기에(비교. 롬 8:3, 4; 갈 4:4, 5), 엄밀한 의미에서 예수님께서 행한 구속의 효과가 실행되지는 않았습니다. 앞에서 설명한 히브리서의 교훈에 따르면, 예배와 관련한 시대적 전환은 예수님의 죽음, 부활, 승천 이후에 주어졌습니다. 이러한 까닭에 예수님은 바리새인들이 십일조를 드리는 일을 묵과하셨을 것입니다.

본문(눅 18:9-14)에서 예수님의 관심은 스스로 의롭다함을 얻는 것과 하나님의 은혜로 의롭다함을 얻는 문제에 있습니다. 앞에서 살펴보았던 본문들(마 23:23; 눅 11:42)에서처럼 여기서도 예수님은 그분이 교훈하려는 핵심 문제에 집중하셨고, 바리새인들의 율법 해석의 정확성이나 구속사의 과정에서 율법(의식법)이 사라진다는 내용에 대해서는 논평하지 않으셨습니다.

십일조가 의식법적인 문제였지만, 그 당시 모세 율법의 명령들이 여전히 유효한 상황에 있었기에 예수님은 의식법 문제 자체는 다루지 않으셨습니다. 성전 예배도 진행 중이었으며, 성전에서 일하는 제사장들과 레위인은 그들의 생활 유지를 위해 여전히 이스라엘 백성들이 바치는 십일조에 의존하고 그것을 필요로 하는 상황에 있었습니다. 이런 의미에서 십일조에 관한 예수님의 말씀은 예수님의 구속 사역이 "완성되기" 전에 하신 그분의 다른 비슷한 말씀에 비추어 이해해야 합니다.

우리는 예수님이 지상에서 사역을 하시는 기간과 그분이 죽고 부활하신 이후의 상황의 차이를 기억할 필요가 있습니다. 예수님께서 십자가에서 죽으시기 전에는 옛 언약이 여전히 유효하고 사람들 사이에서 여전히 실행되고 있었습니다(참조. 히 9:15-17). 옛 시대에서 새 시대로 변화되는 전환점은 그분의 죽으심과 부활과 승천과 오순절 성령 강림입니다. 예수님께서는 십자가 위에서 "다 이루었다."고 말씀하셨습니다(요 19:30). 옛 언약을 성취하러 오신 메시아가 죽으심으로써 새 언약은 비로소 유효하게 되었고 실행되기 시작했습니다(히 9:17).[23)]

그러는 동안 예수님께서는 죽으시기 전에는 자신을 (의식법을 비롯한) 율법의 규정에 복종하셨습니다(갈 4:4). 그분의 가르침 중에는 구약의 요구의 정당성을 지지하면서, 또 구약시대의 문맥에서 말씀하신 내용이 많이 있습니다. 특히 예수님께서 제자들에게 "이스라엘의 잃은 양에게로 가라"고 이르신 구약의 관점이 반영된 대표적인 말씀입니다(마 10:6). 예수님께서 가나안 여인에게 자신이 "이스라엘 집의 잃은 양에게만 보내심을 받았다"고 말씀하신 것도 같은 맥락에서 이해됩니다(마 15:24. 비교. 롬 15:8). 신약시대가 복음의 우주성(보편성)이 강조되는 시대라는 점을 고려한다면, 예수님의 말씀은 구(舊) 시대적이라는 것을 알 수 있습니다.[24)] 하지만 예수님은 구약의 상황과 유대인의 관점에서 가나안 여인에게 말씀하신 것입니다.

율법은 오순절에 하나님의 새 언약이 수립될 때까지는 유효하게 존속했습니다. 구약시대가 이어지는 동안에는 십일조 드리는 것이 율법 하에 있는 백성들에게는 의무였습니다. 그러나 새 언약이 발휘되는 신약시대에 십일조가 교회의 연보의 표준이 되는지는 신약의 다른 구절에 비추어 판단해야 합니다. 신약시대에는 구원사의 변화가 발생했기 때문입

---

23) 보스는 희생의 죽음이 언약 체결 의식에 필요하다고 주장합니다. 다시 말해서, 예수님은 그의 죽음으로써 새로운 질서의 효력을 보증하셨습니다. 아브라함 언약이 희생의 죽음으로써 확증되었다는 것과 그리스도의 죽음으로 새 언약이 체결된 것은 긴밀한 관계가 있습니다(창 15:9-11; 히 9:12-22). Vos, *The Teaching of the Epistle to the Hebrews*, 39-42.

24) 이와 비슷한 예를 롬 9:25, 30; 11:11, 12, 25; 15:9-13; 16:26에서도 찾을 수 있습니다.

니다.[25] 그래서 십일조와 같은 의식법과 관련된 언급들은 새 언약에서는 구약시대에 적용하던 것과 동일한 모양으로 적용되지 않습니다.

이 사실을 고려한다면, 많은 사람들이 "마태복음 23:23에서 예수님이 이것도 행하고 저것도 폐하지 말라"고 말씀하셨고 "십일조가 신약의 어디에서도 폐하여졌다"고 명백하게 언급한 구절이 없다는 것을 근거로, 예수님이 바리새인의 십일조 행위를 인정하셨다고 주장하는 것은 순진한 판단입니다. 이러한 판단은 계시의 점진성에 대한 이해 부족 때문에 생겨난 것입니다.

예수님이 안식일이 폐지되었다고 선언하지 않으셨지만 교회는 안식일을 대신에 주일을 지키고, 성전세를 내야 하는 당위적인 문제에 대해서도 그것이 명백하게 폐지되었다는 선언이 없는데도 현대 교회가 성전세를 내지 않습니다. 십일조의 존속 또는 중단에 관한 내용 역시 이와 같은 맥락에서 이해해야 합니다. 사실 예수님은 당대에 제사 제도(제사, 제사장 제도)를 중지하거나 봉헌물을 바치는 문제에 대해서도 전혀 언급하지 않으셨지만, 신약의 교회는 더 이상 제사를 드리지 않고 봉헌물을 바치지 않습니다.

구약시대였다면 감독이나 장로들의 생활을 돕고 또 가난한 사람들을 구제하기 위해서 의당 십일조를 드려야 하는 상황에서, 우리는 신약성경 어느 곳에서도 적극적으로 십분의 일을 표준으로 헌금을 드려야 한다고 적극적으로 지침을 제시한 곳을 찾을 수 없는 것에 놀랍니다. 신약성경 저자들은 다른 방식으로 이 문제를 접근합니다. 이것은 특히 바울이 교회에게 예루살렘에 있는 가난한 그리스도인들을 위해 연보할 것을 부탁한 것과 관련하여 무척 중요합니다.

초대교회사 사전에 "십일조" 논문을 기고한 윌리스(Willis)는 초대교

---

25) Blomberg, 『가난하게도 마옵시고』, 195–96. 특히 196쪽에 있는 각주 46에 언급된 문헌을 참조하십

회에서 행해진 연보에 대하여 이렇게 주장합니다. "사도들과 그 직계 후계자들 시대에는 기독교회 내에 거룩한 목적을 위해 바치는 소유의 십분의 일 또는 십일조가 행해지지 않았다는 것은 보편적으로 인정되었다."[26] 피숴는 윌리스가 언급한 내용에 동의하면서 다음과 같이 주장합니다.

> *그들(초대교회의 그리스도인들)은 자신들이 지금까지 지녀왔던 것보다도 고상한 삶의 기준이 있었으며, 그것을 가장 깊은 도덕적 영적 상황에 옮겨 놓았다. '온전한 율법'(약 1:25), '자유케 하는 율법'이 어느 곳에서나 지배했으며(갈 5;1, 13; 벧전 2:16; 요 8:32 등등), 하나님의 다른 은혜와 마찬가지로 그리스도인들이 누리는 기쁨의 자유함은 신약 교훈의 특징이었다. 그들은 형제자매 사랑과 도덕적 의무를 의식하고 있다는 표현으로 삶을 살았다.*[27]

이제 우리는 초대교회에서 물질을 거두고 또 연보를 준비하라고 권하는 바울에게서 헌상의 방법이 어떤 방식으로 이루어졌으며, 그 과정에 바울이 헌상의 정신을 어떻게 가르쳤는지 살펴보려고 합니다.

3. 자원하여 넉넉하게 연보하라고 가르친 바울

바울 서신에는 "십일조"라는 용어가 등장하지 않습니다. 하지만 바울은 신약성경 저자들 중에서 물질 드림(연보)과 관련하여 가장 많은 교훈을 한 사도입니다. 바울은 가난한 교회를 돕기 위해 마게도냐와 아가야

---

26) J. R. Willis, "Tithe," in *Dictionary of the Apostolic Church*, ed. by James Hastings (Edinburgh: T & T Clark, 1918): 2, 594.

27) Vischer, *Tithing*, 11–13.

지방에 있는 교회에게 헌금할 것을 부탁했고(고전 16:1-3; 고후 8-9장; 엡 4:28), 교회의 사역자들의 생활을 지지하라고 권할 때 물질 문제를 언급했습니다(고전 9:9-11. 참조. 갈 6:6; 딤전 5:1-18). 그런데 바울은 이 문제를 위해 교회에게 그들의 수입 중에서 얼마를 떼어 헌금해야 하는지 구체적으로 요구하지 않았습니다. 바울이 물질과 관련하여 교회에게 교훈한 내용을 보면 신약시대에 교회가 하나님께 물질을 드리는 것을 어떻게 이해했는지 알 수 있습니다.

바울은 교회에게 물질을 내어 다른 사람을 돕는 것이 얼마나 아름다운 일이며, 권할 만한 일인지 대략적이지만 중요한 원칙을 제시합니다. “각각 그 마음에 정한 대로 할 것이요 인색함으로나 억지로 하지 말지니 하나님은 즐겨 내는 자를 사랑하시느니라”(고후 9:7).

바울은 복음을 전하는 자로서 “주께서도 복음 전하는 자들이 복음으로 말미암아 살리라 명하셨”다고 주장합니다(고전 9:14). 바울은 교회의 목회자로서 자신을 구약의 제사장에 비유하면서 “십일조”를 헌금의 표준으로 제시했음 직한데, 한 번도 자신을 제사장이라고 주장하지 않았습니다. 심지어 교회에게 헌금을 요구하지도 않았습니다. 그에게 교회의 물질적인 도움을 받을 권리가 있었는데도 말입니다(고전 9:15, 18).

바울은 몇몇 지역에서 자비량으로 복음을 전했습니다. 빌립보 교회로부터 간헐적으로 물질적인 후원을 받아 빌립보 교회에게 약간의 부담을 주었지만, 현지 교회에게 물질을 드리는 표준(십일조 같은)을 가르치지는 않았습니다(빌 1:5; 4:15-18). 바울은 심지어 감독이 복음을 전할 때 수고비를 받아야 한다고 말하면서도 감독이 구체적으로 수고비를 받는 문제와 관련해서는 구약시대에 기업이 없던 레위인들에게 하던 방식(제일의 십일조)이 아니라 개략적으로만 원칙을 제시합니다. “성경에 일렀으되 곡식을 밟아 떠는 소의 입에 망을 씌우지 말라 하였고 또 일꾼이 그 삯을 받는 것은 마땅하다 하였느니라”(딤전 5:18).

또한 바울 사도는 가난한 자를 교회가 생각하고 도와주어야 하는 문제가 있을 때에도 삼 년마다 행하는 제삼의 십일조에 호소하지 않았습니다(참조. 딤전 5:4, 16). 특히 과부를 도와줄 것을 부탁하면서 가족이 책임져야 할 사람(딤전 5:4, 16)과 공동체가 도와줘야 할 사람(5:3, 5, 9)을 구별했습니다. 심지어 공동체의 보살핌이 필요한 참 과부를 도와주어야 할 상황에서도 바울은 구약의 제도를 인용하지 않았습니다.

가난한 예루살렘 교회를 돕기 위해 바울이 마게도냐 교회에게 연보를 권한 경우를 생각해보십시오. 바울은 오래 전에 마게도냐와 아가야 지방(특히 고린도)에 이 사실을 알리고 그들에게 가난한 자들을 기억하라고 독려했지만 구체적인 요율과 방법을 제시함으로써 그대로 따르라고 지시하지 않았습니다(롬 15:25-27; 고전 16:1; 고후 8:1-9:15; 갈 2:10). 어느 정도의 액수인지는 밝혀지지 않았지만, 바울은 한 두 차례 자신이 이방인 교회에서 거둬들인 연보를 예루살렘에 갖다 주었습니다(행 11:27-30; 21:17-21).

마지막으로 바울은 일 년 전에 연보할 것을 부탁한 고린도 교회에게 그가 부탁한 연보를 거두러 몇 사람을 보낸 상황에서(행 19:21, 22; 고후 8:6; 9:2, 4) 형제 사랑의 표현으로 드리는 연보를 "체계적"으로 하기 위해 "자기 수입에 맞추어 일정량의 돈을 따로 떼어 매주 돈을 모아두는 것이 좋다"(사역)고 권하였지 소득의 비율을 구체적으로 제시하지 않습니다(고전 16:1, 2).

고린도전서 16:1-4는 교회가 일찍부터 모일 때 정기적으로("매주 첫 날에") 연보했음을 보여주는 중요한 구절입니다. 비록 그 연보가 지교회 자체의 소비를 위한 연보가 아니라 다른 교회(예루살렘 교회)를 위한 것이었지만 초대교회의 예배 모습의 일면을 읽을 수 있습니다. 이 구절을 자세히 읽으면, 현대교회의 연보 관례와 다른 몇 가지 특별한 사항을 발견하게 됩니다. 첫 번째로 눈에 띄는 것은 당대에는 신자들이 연보를 매주 단위로 교회에 가져온 것이 아니라 일정 기간 개인 집에 모아두었다가 특정한 날, 즉 바울이 그 교회를 방문할 때 한꺼번에 가져왔다는 사실입니다. 이것이 가난한 자(교회)를 돕는 목적성 연보였기 때문일 수도 있습니다. 두 번째로 눈에 띄는 것은 바울이 신자들에게 "수입에 따라" 연보하라고 권했다는 사실입니다. 몇몇 번역 성경에서 그 어감을 잘 살려 번역했듯이,[28] "수입에 따라"는 "형편이 어떠하냐에 상관없이"에 좀 더 가깝습니다. 블롬버그는 이 구절이 초대교회가 일괄적으로 십분의 일 헌금을 강요한 것이 아니라 사람의 형편에 따른 다른 비율의 헌금을 권한 예라고 정확히 지적합니다.[29]

그리고 여기서 바울은 고린도 교회에게 가르쳤던 동일한 교훈을 갈라디아에 있는 여러 교회에도 가르쳤다고 쓰고 있습니다. 말하자면, 바울은 고린도 교회에게 가르친 것과 동일한 교훈을 그가 선교한 모든 교회에게도 가르쳤다는 의미입니다. 본문에 언급된 고린도 교회의 예가 신약의 헌금 실행의 예외적인 경우가 아니었음을 알 수 있습니다. 바울은 이런 식으로 드리는 헌금의 정신을 "각각 그 마음에 정한 대로 할 것이고 인색함으로나 억지로 하지 말"라고 구체적으로 설명합니다(고후 9:7). 바울은 이것을 "참 연보" 즉, 넉넉히 주는 선물("generous gifts," NIV)이라고 밝혔습니다. 바울의 원칙은 분명합니다. 하나님께서는 할 마음이 있는 사람이 드리는 헌금을 "있는 대로 받으시지만 없는 것은 받지 아니" 하십니다(고후 8:12). 이것은 현대 교회가 교인들에게 일괄적으로 "십분의 일"을 부과하는 것과는 거리가 먼 헌금 방법입니다.

---

28) 본문에 대해 표준새번역과 공동번역은 각각 다음과 같이 번역하였습니다. 표준새번역: "……매주 첫날에, 여러분은 저마다 수입에 따라 얼마씩을 저축해 두십시오. 그래서 내가 갈 때에 그제야 헌금하는 일이 없게 하십시오." 공동번역: "……내가 여러분에게 간 다음에야 비로소 헌금하느라고 서두르지 말고 여러분은 일요일마다 각각 자기 형편에 따라 얼마씩을 미리 저축해 두십시오."

29) 그래서 블롬버그는 신약에서는 수입 다소와 상관이 없는 일괄적인 십분의 일 요율 적용보다는 수입에 따라 차등으로 현보하는 "누진 십일조 제도"를 제안합니다. Blomberg, 『가난하게도 마옵시고』, 24, 196, 276, 284–85. 블롬버그의 이 생각은 로널드 사이더(Ronald Sider)에게서 영향을 받았습니다. Ronald Sider, 『가난한 시대를 사는 부유한 그리스도인』, 한화룡 옮김 (서울: IVP, 2009), 318–22.

바울이 돈을 거두기 위해 사용한 용어에도 주목할 필요가 있습니다. 이 단어들에서 우리는 연보가 교회에서 어떤 의미를 지니는지 알 수 있는 통찰을 얻습니다. 바울은 가난한 사람들을 돕는 구약의 십일조 정신과 비슷한 "물질 수집"을 표현할 때에 "십일조"라는 단어를 사용하는 대신 시종 일관 "연보"("로기아," λογία)라는 새로운 용어를 사용합니다(고전 16:1-3. 비교. 고후 8:2, 4, 20; 9:5, 11, 13). "연보"는 그 특성과 쓰임을 강조하려고 비슷한 의미를 지닌 다른 단어로 표현되었습니다. "은혜"("카리스," χάρις, 고전 16:3), "성도 섬기는 일"("디아코니아," διακονία, 고후 8:4; 9:1), "나눠가짐"("코이노니아," κοινωνία, 롬 15:26), "섬김"("레이투르게사이," λειτουργῆσαι, 롬 15:27) 등입니다. 특히 로마서 15:27에 통상적으로 제사장이 성전 봉사하는 것을 지칭할 때 사용하는 용어(눅 1:23; 빌 2:17)인 성도를 "섬기는 것"(레이투르게사이)이란 단어를 연보를 표현하는 데 사용한 것은 연보에 예배(레이투르기아, λειτουργία)의 의미가 있음을 강조합니다.[30)]

이 모든 용어들은 헌금하는 사람들의 자원하는 행위와 자유로운 의지 행동을 의미하지, (아무리 하나님께 바치는 것이라도) 세금이나 십일조 등과 같이 강제적이거나 일괄적으로 정해진 비율의 물질의 납부가 아니라는 것을 강조합니다. 이를테면, 바울이 교회에게 권한 연보나 헌금은 억지로 내는 것과는 거리가 먼 자발적인 물질의 공유와 나눔의 정신을 표현합니다.

누구보다도 율법에 정통했고, 스스로도 "율법의 의로는 흠이 없는" 사람이었던 바울이 교회와 가난한 자를 돕기 위해 물질을 거두면서 구약의 제도를 적용하지 않는 것을 두고 여전히 의아해 할 사람이 있을 것입니다. 바울이 구약의 의식법을 몰랐겠으며, 십일조 제도를 몰랐겠습니

30) Luke T. Johnson, 『공동소유』, 박예일 옮김 (대전: 대장간, 2013), 153.

까? 이유는 다른 데 있습니다. 바울이 로마 교회에게 편지하면서 율법의 한시성에 대하여 언급했듯이, 그는 그리스도가 오시기 전에 율법에 사로잡혀 있던 하나님의 백성들이 "이제는 우리가 얽매였던 것에 대하여 죽었으므로 율법에서 벗어났으니 이러므로 우리가 영의 새로운 것으로 섬길 것이요 율법 조문의 묵은 것으로 아니"한다는 원칙을 알았기 때문입니다(롬 7:6. 참조. 롬 8:2; 갈 3:23-25). 바울은 "이제는"이라는 시점의 변화를 나타내는 부사를 자주 사용합니다(롬 3:21; 7:6; 엡 2:13; 3:5, 10). "이제는"은 그리스도가 오신 이후의 변화를 소개하는 구속사의 전환을 나타내는 용어입니다.

그리스도가 오신 후에는 율법에 순종하던 모든 것이 "약하고 천박한 초등학문을 좇는 것"으로 평가되었습니다(갈 4:9; 골 2:8, 16). 그리스도는 십자가에 죽으심으로 우리를 거스르고 대적하는 법조문을 제하여 버리셨습니다(골 2:15). 구약시대에 시행되던 행위들은 그리스도가 오실 때를 예비하던 그림자에 불과합니다(골 2:17). 이제 실체가 왔으니 교회는 실체를 붙들어야 하고 그림자를 따라 섬기던 시절에 행하던 의식을 따르지 않습니다.

우리는 바울의 교훈에서 신약시대에는 물질을 하나님께 드리는 새로운 원리가 마련되었다는 것을 알 수 있습니다. 그것은 얼마를 낼지를 전적으로 개인이 정한다는 것입니다. 앞에서도 언급한 바 있는 고린도후서 9:7에 이 정신이 잘 표현되었습니다. "각각 그 마음에 정한 대로 할 것이요 인색함으로나 억지로 하지 말지니 하나님은 즐겨 내는 자를 사랑하시느니라."

개인이 하나님께 얼마를 드려야 하는지 스스로 정할 수 있는 이유는 그리스도인이 얻은 자유 때문입니다. "그리스도께서 우리를 자유롭게 하려고 자유를 주셨으니 그러므로 굳건하게 서서 다시는 종의 멍에를 메지 말라"(갈 5:1). 신약시대에 사는 성도들이 받은 은혜 가운데 주목할 것은 자유함입니다. 그것은 진리이신 그리스도가 주시는 자유함입니다(요 8:32). 갈라디아서의 본문은 할례에서 자유함을 얻는 것을 염두에 둔 것이지만, 할례를 받으려하는 사람은 "온 율법을 지킬 의무가 있다"는 바울의 설명을 고려할 때(갈 5:3), 여기서 바울이 말하는 자유가 제사 제도를 비롯한 온 율법에서의 자유를 의미하는 것이 틀림없습니다(롬 7:1-4; 갈 4:5). 바울은 그리스도가 오심으로 이제 율법 조문이 그리스도인들을 지배하던 시대가 끝났다고 선언하는 것입니다.

그리스도인은 율법에서 자유로워졌지만 자기 마음대로 할 수 있는 글자 그대로 "자유인"은 아닙니다. 다른 한편, 우리는 하나님과 그리스도에게 순종해야 하는 하나님(또는 그리스도)의 종입니다(롬 6:16; 고전 7:22; 엡 6:6; 벧전 2:16). "너희 몸은 너희가 하나님께로부터 받은 바 너희 가운데 계신 성령의 전인 줄을 알지 못하느냐 너희는 너희 자신의 것이 아니라 값으로 산 것이 되었으니 그런즉 너희 몸으로 하나님께 영광을 돌리라"(고전 6:19, 20)는 말씀대로 우리는 하나님의 영광을 위하여 우리의 자유를 사용합니다. 이것은 "너희 몸을 하나님이 기뻐하시는 산 제물로 드리라"(롬 12:1)는 말씀대로 그리스도인의 헌신과 관련이 있습니다.

그러나 우리가 고린도후서 9:7에서 배워야 할 또 다른 교훈은 우리의 자유함을 인색하게 또는 억지로 사용하지 않아야 한다는 사실입니다. 바울은 연보를 소극적으로 "인색함으로나 억지로" 하지 말라고 권했으며, 적극적으로 "즐겨내라"고 권했습니다. 아무리 자발적인 헌금 원칙을 제시했다고 하더라도, 바울은 기꺼이 넉넉하게 내는 것이 자유함의 은혜를 받은 사람이 그의 자유를 진정으로 발휘하는 것이라고 가르치는 것입니다(고후 8:14; 9:6). 하나님은 성도들이 "항상 모든 것이 넉넉하여 모든 착한 일을 넘치게 하게 하려"고 넉넉한 은혜를 주십니다(9:8, 10). 그러므로 성도들이 넉넉하게 연보하는 것은 그가 하나님의 은혜를 넉넉하게 받았다는 표이며 외적인 증거인 셈입니다(9:11).

제가 신약 본문의 의미와 정신을 바르게 이해하고 있다면, 저는 신약의 헌금 정신을 그리스도인의 자유와 하나님의 은혜의 넉넉한 표현과 삶의 전 영역에서 요구되는 그리스도인의 헌신에서 찾아야 한다고 믿습니다. 이 문제는 다음 장에서 다룰 것입니다.

4. 탁월하신 제사장임을 입증하는 십일조(히 7:1-10)

히브리서 7장에는 신약성경에서 다뤄진 십일조의 예와 다른 "십일조"와 관련한 예가 기록되었습니다. 제가 앞에서 설명했듯이, 히브리서의 본문은 십일조 제도를 다시 거론하기 위해서가 아니라 아브라함과 멜기세덱의 고사(古事)를 이용하여, 그리스도가 옛 언약에서 활동했던 아론 계통의 제사장들과 비교가 되지 않을 정도로 탁월한 분이심을 증명하려고 제시된 것입니다.

히브리서 저자는 7장에서 멜기세덱에게 십일조를 바친 아브라함과 레위를 언급합니다. 멜기세덱은 십일조를 받은 사람이고, 아브라함은 십일조를 드린 사람입니다. 멜기세덱은 축복해준 사람이고, 아브라함은 축복을 받은 사람입니다(창 14:18-20). 복을 빌어준 사람이 복을 받은 사람보다 지위가 높다는 통상적인 원리에 따라, 히브리서 저자는 이 고사(古事)에서 멜기세덱이 아론 계통의 제사장의 조상인 아브라함보다 높은 분이라는 사실을 추론해냅니다. 이 사실은 멜기세덱 제사장이 레위 제사장보다 높은 제사장이라는 사실을 입증하는 중요한 증거가 됩니다. 같은 형제들이지만 열한 지파들 중에서 십일조를 받았던 레위 역시 그의 할아버지 아브라함이 멜기세덱에게 십일조를 드릴 때 멜기세덱에게 십일조를 바친 셈이기 때문입니다.

히브리서 저자는 그리스도가 멜기세덱의 반차를 좇은 제사장이라는 사실을 가지고(히 7:17; 시 110:4), 그리스도를 레위 지파에 속한 아론 계통의 제사장들과 비교합니다. 그리스도는 레위에게서 십일조를 받은 멜기세덱 계통에 속한 제사장이므로 그리스도가 아론 제사장보다 높고 위대하시다는 것입니다. 그리스도가 아론 계통의 제사장들보다 늦게 역사에 등장했지만 말입니다. 그리스도는 새로운 제사 제도를 가지고 오셨습니다. 그분은 영원한 제사장이십니다. 그분은 하늘에서 손으로 짓지 아니한 성소에서 사역하시고, 자신의 몸을 단번에 제물로 드리셨습니다(8:1, 2).

여기서 우리가 눈여겨 볼 것은 히브리서 저자가 아브라함이 멜기세덱에게 십일조 바친 사건(창 14:18-20)과 레위인이 구약시대에 십일조를 받은 예를 전하면서, 독자들에게 구약시대에 있었던 두 예를 본받아 지금도 십일조를 드려야 한다고 가르치지 않는다는 사실입니다. 물론 우리는 히브리서 저자가 그의 논지에 집중하느라 지엽적인 문제를 거론하지 않았다고 생각할 수도 있겠지만, 히브리서 저자는 창세기에서 발생한 이야기를 종교적인 의미를 지니는 십일조 납부 문제가 아니라 단지 고대에 낮은 자가 높은 자에게 (세금을 비롯한) 일정량의 소유물을 바치고 대신 높은 자로부터 복 빎을 받는다는 위계질서를 보여주는 사건으로 이해합니다.

히브리서 저자는 이 사실에 근거하여 예레미야 31:31-34을 인용하면서, 십일조를 비롯한 옛 시대의 종교 의식이 구시대적인 것이 되었으며 폐하여야 할 것과 옛 언약의 한시적인 특성을 지닌 것이었음을 지적합니다. “새 언약이라 말씀하셨으매 첫 것은 낡아지게 하신 것이니 낡아지고 쇠하는 것은 없어져 가는 것이니라”(히 8:13). 계속하여 히브리서 저자는 옛 언약 하에 시행되던 모든 제사 제도(제사장, 성전, 제사, 예물 등)가 이전 시대에 속한 예법에 불과하며, 그 제사 제도를 변경하고 새로운 것이 소개되기 전까지만 존재하던 한시적인 언약이라고 강력하게 주장합니다(9:10, 11).

이전 시대에 통용되었던 제사 제도가 끝나고 새로운 제도가 시행되는 것은 그리스도(즉, 메시아)가 오셨기 때문입니다. 그리스도께서는 "장래 좋은 일의 대제사장으로 세상에 오셔서 이 창조에 속하지 아니한 더 크고 온전한 장막으로 말미암아 하나님께 온전한 제사를" 드리셨습니다(히 9:11, 12).

이런 의미에서 히브리서 저자가 7장에서 언급하고 있는 "십일조"는 창세기 14장에 기록된 사건을 이용하여 신약교회에게 다시금 십일조 제도를 상기시키거나 아브라함을 본받아 십일조를 드리라고 권하기 위하여 인용한 것이 아니라는 것을 기억할 필요가 있습니다. 그리스도로 말미암아 옛 언약과 율법 시대의 예배 제도가 모두 폐하여진 상황에서 히브리서 저자에게는 십일조를 신약교회의 헌금을 권하는 근거로 인용할 이유가 없었던 것입니다. 히브리서 저자가 본문에서 강조하려는 것은 단지 예수 그리스도께서 아론의 제사장보다 높으신 분이심을 증명하는 데 있지, 그 이상도 그 이하도 아닙니다.

5. 믿음의 자발적인 표현인 구제(약 1:27; 2:15-17)

야고보서에는 신명기에 언급된 가난한 사람을 돕기 위한 십일조를 드려야 하는 상황이 기록되었습니다. 제삼의 십일조를 적용해야 하는 구체적인 상황입니다. 그 내용을 보겠습니다.

> 27 하나님 아버지 앞에서 정결하고 더러움이 없는 경건은 곧 고아와 과부를 그 환난중에 돌보고 또 자기를 지켜 세속에 물들지 아니하는 그것이니라(약 1:27).

15 만일 형제나 자매가 헐벗고 일용할 양식이 없는데
16 너희 중에 누구든지 그에게 이르되 평안히 가라, 덥게 하라, 배부르게
하라 하며 그 몸에 쓸 것을 주지 아니하면 무슨 유익이 있으리요
17 이와 같이 행함이 없는 믿음은 그 자체가 죽은 것이라(약 2:15–17).

야고보서는 교회 공동체에 고아와 과부가 환난 중에 있음을 보았습니다(약 1:27). 이들은 교인들 대부분에게 방치된 상황에 있었습니다. 교인들이 고아와 과부들이 열악한 상황을 벗어나는 구체적인 방법을 이렇게 저렇게 제시했지만, 행동으로 옮기지은 않았습니다(2:15, 16). 본문에서 야고보가 넓은 의미로 "환난"이라는 단어를 사용했지만, 2장에 설명된 내용에 비추어 보면 당시의 상황은 가난한 사람들이 입을 것이 없고 먹을 것이 없는, 총체적인 가난에 버려진 상황이었습니다. 공동체에 고아와 과부가 사람들의 무관심 속에 방치된 것은 마치 포로 후기에 레위인들이 백성들의 무관심 속에 있었던 것에 비교될 수 있습니다. 구약시대에는 이와 같은 가난한 사람을 위하여 제이의 십일조와 제삼의 십일조가 사용되었습니다(신 14:29; 26:12, 13). 그런데 야고보는 유대인이고, 편지를 "흩어져 있는 열 두 지파"에게 쓰고 있지만(약 1:1), 이런 상황에서도 야고보는 공동체를 향하여 십일조 내기를 게을리 했다고 비난하지도 않고, 적극적으로 십일조를 내어 고아와 과부를 도우라고 권하지도 않습니다.

그 대신에 야고보는 우리가 예수 그리스도를 믿는 믿음을 가졌다면(약 2:1), 그 믿음이 행동으로 나타나야 한다고만 역설합니다. 말하자면, 야고보는 그리스도를 믿은 신자들의 "믿음"에 호소하였지, 율법에 호소하지 않았습니다. 신자들을 구원에 이끄는 믿음은 (가난한 자를 돕는) 행함이 동반되는 믿음입니다. 행함이 동반되지 않는 믿음은 죽은 믿음이고(2:17), 죽은 믿음은 그 사람을 구원할 수 없습니다(2:14). 이 상황에서 야고보는 기독교가 추구하는 경건(종교성)이 어떤 것인지 구체적으로 언

급합니다. “하나님 아버지 앞에서 정결하고 더러움이 없는 경건은 곧 고아와 과부를 그 환난중에 돌보고 또 자기를 지켜 세속에 물들지 아니하는 그것이니라”(1:27).

야고보는 누구보다도 율법을 “자유롭게 하는 온전한 율법”이라고 긍정적으로 묘사하고(약 1:25), 율법의 최고 정신이 “이웃 사랑하기를 네 몸과 같이 하라”는 것에 있음을 상기시킵니다(2:8). 또한 그는 신자들에게 각 사람이 율법의 준행자라는 것을 일깨웁니다(4:11). 율법 조문 중에서 하나를 범하면 모두 범하는 것이라는 율법의 엄격한 준칙도 천명합니다(2:12). 신약시대를 사는 성도들에게 율법은 여전히 중요한 삶의 지침이라고 율법을 긍정적으로 평가합니다.

그러나 이웃에게 사랑을 실천하고 긍휼을 실천해야 하는 구체적인 상황에서 야고보는 적극적으로 긍휼한 행동을 하고 선을 행하라고 권하였지(2:13; 4:17), 구약시대의 표준인 십일조 제도에 호소하지 않았습니다. 느헤미야 같았으면 백성들에게 제삼의 십일조를 강조했겠지만, 야고보는 가난한 자 돌보는 것을 구약성경에 호소하지도, 또 그것을 신학적으로 발전시키지 않았습니다. 야고보는 단지 (구원하는) 믿음이 있는 사람은 그것을 행동으로 보이라는 커다란 원칙만을 제시할 뿐입니다. 우리는 여기서 야고보가 그리스도가 오신 이후 십일조를 비롯한 율법 중에서 가나안이라는 특정 장소에서 특정한 대상들(이스라엘 백성)에게 적용된 율법이 더 이상 효력을 발휘하지 않는다고 인식했을 거라고 해석할 수 있습니다. 그래서 야고보는 믿음의 특징인 자발성에 근거하여, 믿음이 있는 사람에게 그 믿음에 따른 행동을 촉구했습니다.

십일조는 가나안 땅에서 성막(과 성전)에서 봉사하는 아론 계통의 제사장들이 사역하고, 땅을 기업으로 받은 열두 지파와 기업(가나안 땅)과 분깃을 받지 못한 레위 지파가 엄격하게 구별된 상황에서 적용되었던 원칙입니다. 신앙 공동체에서 가난한 자를 구제하는 데 사용하는 제삼의 십일조의 용도를 실행하는 문제가 대두되었을 때에도, 신약의 저자들은 신약시대에 변화된 원칙을 적용하였지 구약시대에 통용되던 것을 활용하지 않았습니다.

제 4장

교회사에서 십일조와 연보의 예

제 4장
교회사에서 십일조와 연보의 예

신약시대의 물질 드림을 생각하면서, 우리가 성경에서 확인한 십일조의 용례 이외에 교회 역사에서는 십일조가 어떻게 이해되었는지 살펴볼 필요가 있습니다. 성경시대에 가장 가까이 살았던 초대교회가 헌금 생활을 구약시대의 방법을 그대로 따랐는지 아니면 다른 식으로 변경하여 실천했는지 확인하면 우리는 헌금에 대한 좋은 통찰을 얻을 수 있습니다. 사도행전에 언급된 초대교회의 예와 교회사에 나타난 십일조 이해의 과정을 개략적으로 소개하겠습니다. 사도행전 기사를 교회사 단락에서 설명하는 것은 어느 점에서 초대교회사가 사도행전 이야기에서 시작된다고 할 수 있기 때문입니다.[1)]

1. 사도행전의 예

사도행전에는 신자들을 위해 물질을 모으는 사례가 몇 군데 기록되었

---

1) 이 문제에 있어 독자들의 견해는 엇갈릴 것입니다. 사도행전을 물질 드림에 대한 성경의 예라고 믿고 성경의 예를 교회사의 경우와 차별해야 한다고 고집하는 사람들이 있는 반면에, 사도행전을 초대교회 역사의 시작으로 보아도 무방하다고 보는 사람들이 있습니다. 어느 것을 택하든지, 저의 견해가 달라지지는 않지만, 저는 후자의 입장에 서서 이 글을 씁니다. 저는 초대교회를 초대교회사의 시작으로 이해한 20세기 영국의 걸출한 주경학자요 초대교회 사가(史家)인 F. F. Bruce의 책에서 힌트를 얻었습니다. F. F. Bruce, 『신약사』, 나용화 옮김 (서울: 기독교문서선교회, 1999).

습니다. 사도행전 2:44, 45; 4:32-35; 5:1-11이 그 대표적인 본문입니다. 교회의 물질 거둠과 사용에 관하여 맨 처음 기록하고 있는 본문은 사도행전 2:44, 45입니다.

> 44 믿는 사람이 다 함께 있어 모든 물건을 서로 통용하고
> 45 또 재산과 소유를 팔아 각 사람의 필요를 따라 나눠 주며(행 2:44, 45).

오순절에 베드로의 설교를 듣고 많은 사람이 세례를 받았습니다. 하루 동안 신자의 수는 무려 삼천 명이나 증가했습니다. 신자들은 사도의 가르침을 받으며 서로 교제하고 식사를 함께 하며 기도하는 일에 힘을 썼습니다. 부럽고 칭찬할 만합니다. 하지만 교회는 곧 바로 현실적인 문제에 봉착합니다. 그것은 이 많은 사람들을 어떻게 먹이는지 문제입니다. 그런데 초대교회는 이것을 간단하게 해결했습니다. 신자들이 "다 함께 있어 모든 물건을 서로 통용하고 또 재산과 소유를 팔아 각 사람의 필요를 따라 나눠 주"었기 때문입니다(행 2:44, 45). "모든 물건을 서로 통용했다"는 것은 각 가정에서 재산을 팔아 다른 사람을 위하여 사용한 것을 의미합니다.

이것은 초대교회가 탄생한 초기 어느 특정한 시기에 한 번 있었던 사건이라고 보아서는 안 됩니다. 사도행전 2:44, 45에 언급된 예는 초대교회 초기 한 동안 있었던 공동체의 삶을 요약적으로 서술한 것입니다. 43-47절에 사용된 주동사(ἐγινετο εἶχον ἐπίπρασκον διεμέρ ιξό, μερελάμβανον)가 모두 미완료과거 동사라는 것이 이를 입증합니다. 바렛트(C. K. Barrett)가 정확하게 간파했듯이, 이것은 "재산과 소유를 팔아 각 사람의 필요를 채워주는 행위가 단 한 번으로 끝난 것이 아니라 가난한 자가 생길 때마다 그러했다는 것"을 보여줍니다.[2]

---

2) C. K. Barrett, *A Critical and Exegetical Commentary on the Acts of the Apostles*, I (Edinburgh:

이러한 경향은 4:32-35에 언급된 초대교회의 모습에서도 그대로 나타납니다.

32 믿는 무리가 한마음과 한 뜻이 되어 모든 물건을 서로 통용하고 자기 재물을 조금이라도 자기 것이라 하는 이가 하나도 없더라
33 사도들이 큰 권능으로 주 예수님의 부활을 증언하니 무리가 큰 은혜를 받아
34 그 중에 가난한 사람이 없으니 이는 밭과 집 있는 자는 팔아 그 판 것의 값을 가져다가
35 사도들의 발 앞에 두매 그들이 각 사람의 필요를 따라 나누어 줌이라 (행 4:32-35).

초대교회는 믿는 사람들이 많아졌지만 하나의 마음을 가지고 시작했습니다. 그들은 물건을 서로 통용했습니다. 본문에는 신자들이 물건을 통용하는 까닭이 어디에 있는지, 재산과 소유를 팔아 각 사람의 필요를 따라 나눠준 동기가 무엇인지 자세히 설명되었습니다. "자기 재물을 조금이라도 자기 것이라 하는 이가 하나도 없"었다는 것이 그 이유입니다(행 4:32). 그리고 사람들은 밭과 집 있는 자가 팔아 판 것의 값을 가져다가 사도들에게 주었고, 사도들은 가난한 사람들의 필요를 따라 물질을 나눠주었기에, 그들 중에는 가난한 사람이 없었습니다(4:34, 35).

헹겔(Martin Hengel)은 초대교회의 예가 기독교의 자발적인 헌신이 아니라 고대 자연법이 기독교에 끼친 영향 때문이라고 설명합니다.[3] 하지만 그렇지 않습니다. 초대교회의 공동체 생활에 영향을 준 것은 고대

T & T Clark, 1994), 169.

3) 헹겔은 초대교회의 이런 행동을 "유토피아"의 회복을 의미한다고 평가합니다. Martin Hengel, 『초대교회의 문제. 부와 재산』, 송영의 옮김 (서울: 지평서원, 1993), 20.

철학이나 심지어 자연법이 아니라 그리스도의 가르침이었습니다. 예수님께서 제자 되기를 바라는 사람에게 재산과 관련하여 말씀하신 것이 초대교회에 영향을 준 중요한 원리였을 것입니다. 대표적인 사건으로 한 관리가 예수님께 찾아와 무엇을 해야 영생을 얻을 수 있는지 질문하고 예수님께서 그에게 대답하신 예를 들을 수 있을 것입니다(눅 18:18-30).

예수님은 그 관원에게 이렇게 대답하셨습니다. "네게 있는 것을 다 팔아 가난한 자들에게 나눠 주라 그리하면 하늘에서 네게 보화가 있으리라"(눅 18:22). 이어서 예수님은 재물이 있는 사람이 하나님의 나라에 들어가기가 불가능하다는 것을 낙타와 바늘귀 비유로써 설명하십니다(18:24, 25). 그리고 "하나님의 나라를 위하여 집이나 아내나 형제나 부모나 자녀를 버린 자는 현세에 여러 배를 받고 내세에 영생을 받지 못할 자가 없다"고 말씀하셨습니다(18:29, 30). 예수님의 말씀에서 재산을 드리는 것과 거기에 따른 복은 구약의 십일조 제도의 패턴과 동일합니다(신 14:28, 29; 26:15). 하지만 자기 재산을 팔아 가난한 자들에 주는 동기는 율법의 십일조 제도가 아니라 "하나님의 나라를 위하여" 행한 데 있었습니다.

그러므로 초대교회가 자신의 재산을 공동체 사람들을 위해 사용하도록 자발적으로 재산을 드린 것은 예수님의 말씀을 행동으로 옮겼다는 것을 보여주는 좋은 증거입니다. 결국 하나님의 나라가 임박했다는 사실과 신자들이 하나님의 나라에 들어왔다는 사실이 사도행전에 언급된 초대교회가 재산을 팔아 가난한 사람들을 돕는 동기가 되었던 것입니다. 예수님을 따르는 삶은 하나님과 이웃을 위하여 자기의 것을 나눠주는 삶입니다. 한 마디로 말해서 초대교회 공동체는 이웃 사랑을 실천하려고 자기에게 있는 것을 주님께 드림으로써 자신들이 주 예수 그리스도의 제자들임을 생활로 보여주었습니다.

본문(행 4:34)에 언급된 "가난한 사람"(엔데에스, ἐνδεής)은 궁핍한 상태에 있는 사람을 가리키기보다는 “생활에 필요한 자산을 갖지 못한 사람”을 가리킵니다.[4] 앞에서 언급했듯이, 일정 기간 초대교회가 가난한 사람을 물질로 도왔지만, 초대교회가 모임을 가질 때마다 공식적으로 헌금을 했는지는 우리로서는 알 수 없습니다. 하지만 분명한 것은 사람들이 자기 재산을 드려 공동체에 속한 가난한 사람들을 위해 사용했다는 사실입니다. 누가는 초대교회의 생활의 특징을 이런 식으로 요약하고 있습니다. 그들은 같은 공동체에 있는 사람들이 인간으로서 누려야 할 적정선 이상의 생활을 영위하도록 가난한 사람들을 돌봐야 한다고 생각했을 것입니다. 그래서 신자들은 수시로 현물을 가져와 사도들에게 주었을 것입니다(행 4:34b-35). 블롬버그는 이러한 초대교회의 삶에서 초대교회가 “너희 중에 가난한 자가 없을 것”이라는 신명기 15:4를 진지하게 실천하려 했을 것이라고 해석합니다.[5]

“가진 것을 다 팔아”라는 것은 물론 유대식 과장법이고 실제로 그러해야 한다는 의미는 아닙니다. 하지만 이것은 우리에게 무엇인가 필요한 것을 구하는 사람에게 주는 구체적인 행위를 가리키는 말씀임에 틀림이 없습니다. 예수님은 사람들에게 여전히 사유재산을 소유하는 것을 인정하셨습니다만, “실질적인 나눔을 실천하는 데 있어 소유를 파는 것이 반드시 포함된다”는 것은 진리입니다.[6] 이 모든 것은 물론 자발적으로 행해졌습니다. 누가는 자기의 밭과 집을 팔아 가난한 자를 도운 긍정적인 예로 바나바의 행위를 제시합니다(행4:37).

초대교회가 자발적으로 연보했다는 사실을 이해할 수 있는 소극적인 예는 아나니아와 삽비라가 재산을 팔아 사도들에게 가져온 경우입니다

---

4) 본문에 사용된 “엔데에스”(ἐνδεής)는 신약성경에 널리 사용된 “프토코스”(πτῶκος)와 구별됩니다. J. Louw &

5) Blomberg, 『가난하게도 마옵시고』, 241.

6) Sider, 『가난한 시대를 사는』, 187.

(행 5:1–10). 우리는 이 부부의 예에서 헌금하는 것에 대한 잘못된 예를 발견합니다. 아나니아와 삽비라 부부는 상대적으로 여유재산을 가지고 있었고 현금으로 교환한 것을 사도에게 가져왔습니다. 하지만 그 부부는 베드로에게 성령을 속이고 땅 값 얼마를 감추었다고 비난을 받고, 하나님께 거짓말한 죄로 그 순간에 죽임을 당했습니다(5:3, 4c).

제법 소상하게 설명된 아나니아와 삽비라 이야기에서 우리는 초대교회에 재산을 바치는 것이 일정한 요율에 의해 진행되지 않는다는 것을 알 수 있습니다. 특히 베드로는 아나니아와 삽비라의 재산의 사유권을 인정했습니다. "땅이 그대로 있을 때에는 네 땅이 아니냐?"(5:4a)라는 말은 모세오경에 언급된 땅이 하나님의 재산이라 반드시 십분의 일을 거룩하게 구별하여 성전에 가져가야 한다는 것과 전혀 다른 언급입니다. 이론적으로, 아나니아와 삽비라는 자기들의 땅을 팔지 않아도 되었습니다. 초대교회에 가난한 사람들을 도와주는 문제로 현물이 긴급히 필요했을지라도 말입니다. 어찌 되었든지 이 부부가 땅을 판 것은 순전히 자발적인 행위에서 비롯된 것입니다.

우리가 여기서 주목할 만한 두 번째 사실은 아나니아와 삽비라가 사도 앞에 땅 판 값을 가져갈 목적으로 자기 소유의 땅을 팔았다고 하더라도 그것을 전부 드릴 의무가 없었다는 점입니다. 베드로가 심지어 "판 후에도 네 마음대로 할 수가 없더냐?"(행 5:4b)라고 말한 것은 아나니아와 삽비라가 땅을 판 후에도 재산에 대한 소유권을 가지고 있었으며, 마음을 바꿔 그것을 드리지 않아도 되었고, 드릴 경우 얼마를 드릴지의 문제 역시 전적으로 그 부부의 자의적인 판단에 달려 있었음을 의미합니다. 요율이 정해지지 않았다는 의미입니다. 그러므로 베드로가 이 부부를 꾸짖은 것은 그들이 땅을 판 값의 일부를 떼어낸 데 그 원인이 있지 않습니다. 그들이 일부를 떼어놓고 전부를 드렸다고 (성령님께) 거짓말을 한 데 있었습니다(5:3, 9). 베드로의 말대로, 사탄이 그들의 마음에 가득하지 않고서야 어찌 성령님을 속이거나 시험할 수 있었겠습니까!

초대교회가 재산을 서로 통용한 것을 두고, 삶으로서 자기에게 속한 모든 것을 하나님의 나라와 이웃을 위하여 사용하는 것과 예배 중에 드리는 헌금을 구분해야 하지 않느냐고 생각하는 사람이 있을지 모르겠습니다. 초대교회가 자발적으로 재산을 바친 것은 십분의 일을 바치는 요구에 해당하지 않는다고 말입니다. 이 문제에 대해서는 다음 장에서 자세하게 논의하겠지만, 이 시점에서 저는 예배 중에 물질을 드리는 것과 자기의 재물을 하나님의 나라를 위해 사용하고 다른 사람을 위해 드리는 것을 구별할 필요가 없다는 정도만 말씀드리겠습니다. 예배 중에 헌상하는 시간은 일주일, 아니 날마다 자신을 하나님께 드리면서 살았음을 고백하며 헌신을 재확인하는 시간이라고 말입니다.

초대교회에서 이와 같이 자신의 재산을 다 드리다시피 할 정도로 물질을 드린 것에 대해, 피쉬는 핵심을 바르게 지적합니다. 그리스도인들이 이 세상의 소유물로 인해 그리스도의 제자가 되는 데 방해가 되지 않도록 그런 행동을 했다고 말입니다.[7] 그러니까 초대교회에서 물질을 드리던 생활을 지배했던 원칙은 구약성경에서 공동체와 가난한 자를 위해 율법에 명문화했던 십일조 제도가 아니라 그리스도께서 가르치신 제자도에 대한 교훈이었습니다. "예수님께서…… 이르시되…… 네게 있는 것을 다 팔아 가난한 자들에게 나눠 주라 그리하면 하늘에서 네게 보화가 있으리라 그리고 와서 나를 따르라"(눅 18:22). 예수님이 "네게 있는 것을 다 팔아" 나눠주라고 요구하셨으니, 제자가 되려는 사람들에게 예수님이 기대하신 것은 구약성경에서 기업이 없는 레위인을 비롯하여 공동체의 가난한 자를 위하여 마련한 제삼의 십일조(신 14:28, 29)의 정신을 뛰어 넘는 헌신을 실천하는 것이라는 사실을 알 수 있습니다. 이것은 "하나님의 나라를 위하여" 행동하는 것입니다. 그래야 "현세에 여러 배를 받

7) Vischer, *Tithing*, 11.

고 내세에 영생"을 받을 것입니다(눅 18:29, 30).

우리가 내릴 수 있는 결론은 이것입니다. 초대교회는 돈에 관한 그리스도의 제자도 교훈을 충분히 이해하여 자기들의 소유를 하나님의 나라를 위하여 즐겨 드림으로써 헌신의 생활을 실천했다고 말입니다. 하나님의 나라를 위하여 소유를 사용하는 것은 구체적으로 도움이 필요한 이웃의 필요를 채워주는 것입니다. 그것이 물질이 되었든지, 물리적인 힘이 되었든지, 아니면 영적인 것이 되었든지 말입니다. 주님의 제자가 되어 그분을 따르기로 했다면, 주님의 철저한 헌신의 요구를 기억해야 합니다. "이와 같이 너희 중의 누구든지 자기의 모든 소유를 버리지 아니하면 능히 내 제자가 되지 못하리라"(눅 14:33).

2. 교회사의 예

성경의 가르침과 초대교회가 실천한 예는 이후 교회에 영향을 끼친 것 같습니다. 우리가 살펴본 것처럼, 초대교회에는 십일조 제도가 없었습니다. 그런데 교회가 동방교회와 서방교회로 나눠지면서 양상이 조금은 다르게 진행되었습니다.

동방교회는 십일조를 선지자, 제사장, 성직자들에게 바치는 최소한의 세금으로 간주했을 뿐만 아니라 가난한 자, 궁핍한 자, 과부, 고아 등의 생활을 지지하기 위해 사용할 돈으로 생각하고 십일조를 시행했습니다.[8)]

서방교회는 주후 300년대부터 1,700년까지 십일조 제도를 시행했습니다. 그 기간에 서방교회를 구성하고 있던 대부분의 나라들은 교회와

---

8) Vischer, *Tithing*, 12, 13.

국가가 하나가 된 나라들이었기에, 국가에 내는 세금과 교회에 내는 헌금을 구분하지 않고 하나로 통합하여 거두었기 때문입니다. 이를 두고 야콥슨은 "17세기까지 (서방) 교회는 거의 예외 없이 모세 율법에 근거한 십일조를 교회에서 실행하였고, 국가가 이를 확증, 실행하였다"고 설명합니다.[9] 구약의 십일조 제도가 국가가 세금을 거두는 표준으로 사용된 셈입니다. 그러니까 십분의 일 세금에 종교적인 의미도 없었다는 것은 말할 것도 없고, 엄밀한 의미에서 해마다 10분의 2.33을 내야하는 구약의 십일조를 정확하게 실천한 것은 아니었습니다.

어찌 되었든지 서방교회도 1,700년 이후부터는 상황이 바뀌었습니다. 서방교회에서 십일조 제도가 폐지되었습니다.

교회가 국가 교회의 형식을 띠던 시절에, 성직자의 생계비를 국가가 지불하는 나라에서 십일조가 피치 못하게 국가적인 의미를 지니게 되었습니다. 그러나 부작용이 심각했습니다. 재세례파는 종교를 강요하기 위해 칼을 사용한 국가에게 세금(십일조)을 낼 수 없다고 하여 국가에 항거하였습니다. 그들 생각에, 세금은 국가의 관리의 월급에 사용되어야 하고, 헌금은 그리스도의 몸을 지원하기 위해 직접 교회에 내야하는 것이었습니다. 이로 인해 재세례파는 교리가 다르다는 이유로 당대에 박해를 받았습니다. 하지만 그보다는 국가에 저항하는 단체라는 오해를 받아 정부로부터 훨씬 더 많은 박해를 받았습니다.[10]

한 동안 잠잠하던 십일조 제도는 20세기 들어서 미국의 근본주의 교회와 그 영향을 받은 한국교회에서 다시 시행되기 시작했습니다. 한국에서는 다시 개혁교회로 돌아가기를 소망하면서 정말 개혁교회의 정신을

9) H. F. Jacobson, "Tithe," Schaff-Herzog *Encyclopedia of Religious Knowledge* (New York, 1893) 4:2364.

10) E. Arnold, "Excerpts from the History of the Baptists' Movement," *BRR* (Autumn, 1978), 19.

따르는 몇몇 교회를 제외하고는 십일조가 거의 모든 교회에서 헌금의 중요한 기준으로 자리 잡았고, 많은 교회에서 실행되고 있는 실정입니다. 십일조를 시행하는 교회에서는 창세기 14:18-20에 등장하는 아브라함이 멜기세덱에게 십일조를 바친 아름다운 예를 본받아야 한다는 것을 근거로 제시하기도 하고, 말라기 3:7-12를 온전한 십일조 생활을 가르치는 본문으로 이해하면서, 하나님의 것을 도둑질하지 말고 복 받는 통로로 삼으라는 권고로 삼고 있습니다. 여기에 하나를 더 첨가하면, 마태복음 23:23을 예수님께서 신약시대에도 여전히 십일조를 해야 한다고 확증해주신 중요한 근거 본문으로 삼는 실정입니다.

그런데 우리가 앞에서 해당 본문들을 주의 깊게 살피고 해석한 것이 바르다면, 신약시대에는 신약시대에 맞는 헌금 정신과 방법을 생각해야 할 것입니다. 이제 우리는 헌금을 하는 이유가 무엇인지, 또 교회의 현실을 고려하면서 구체적으로 헌금을 얼마나 해야 하는지, 예배에 헌금 시간이 들어 있는 이유가 무엇인지를 살펴봄으로써 헌금의 정신과 그 의미를 생각할 차례가 되었습니다.

Offering: Right Understanding of It - A Biblico - Theological Study

제 5장

헌상의 정신과 바른 헌상 방법

제 5장
헌상의 정신과 바른 헌상 방법

이 장에서는 한국교회에 보편적으로 시행되고 있는 헌금의 예, 율법의 한계와 새 시대의 상황 변화, 그리고 전적인 헌신의 삶을 고백하는 시간으로 예배 중 헌상 순서의 중요성 등 몇 가지 주제를 다루려고 합니다. 저는 이 주제에서 얻은 결론으로 현실적으로 교인이 헌금을 얼마를 내며 어떤 방식으로 하는 것이 좋은지를 제안할 것입니다.

이 문제들을 다루기에 앞서 헌상의 정신을 설명하는 기준으로 신약시대에 사용되어 왔던 물질을 드린 예와 거기에 담긴 의미를 먼저 간단히 살펴보려 합니다.

1. 신약성경의 예

신약성경에는 연보를 거두는 몇 번의 예가 기록되었습니다. 이 연보가 정기적으로 수집되었는지 아니면 부정기적으로 수집되었는지 정확하게 알 수는 없지만, 두 경우 모두 존재했던 것 같습니다. 신약 교회에서는 적어도 세 가지 목적으로 연보했습니다.

첫째, 어려운 형제(가난한 자)를 돕는 연보가 있었습니다. 이 목적으로 초대교회가 연보한 것은 예루살렘에서 처음 교회가 탄생했을 때 있었던 자발적인 재산 드림(행 2:44, 45; 4:32-35)과 가난한 예루살렘 교회를 위하여 마게도냐와 갈라디아 그리고 고린도(아가야 지방) 교회가 연보한 것이 여기에 해당합니다(롬 15:25–26; 행 11:27–30; 고전 16:1–4; 고후 8:1–15; 갈 2:10).

바울은 가난한 자들을 위해 헌금하는 것이 은혜를 나누고 성도를 섬기는 구체적인 행위라고 설명합니다(고후 8:4). 서로 도움을 주고받음으로써 성도들 간의 삶과 물질이 어느 정도 균등을 이룩할 수 있었을 것입니다(고후 8:14–15). 존슨(Luke T. Johnson)은 여기서 "균등"이 차이를 없애는 것이 아니라 "주의 깊은 관심을 기울이는 것"과 "서로 돌보는 것"을 뜻한다고 정확하게 설명합니다.[1)]

둘째, 사역자들의 생활비를 지원하기 위한 연보가 있었습니다. 바울은 그가 교회에 전한 하나님의 말씀을 신령한 것을 뿌린 것에 비유하고, 교회가 바울을 물질적으로 돕는 것을 육적인 것을 거두는 것에 비유합니다(고전 9:11). 그래서 바울은 사역자가 복음을 전한 대가로 교회로부터 물질적인 지지를 받는 것이 당연한 일임을 일깨우고 두 번에 걸쳐 성경적인 근거를 제시합니다(9:9, 13). 첫 번째 본문은 "모세의 율법에 곡식을 밟아 떠는 소에게 망을 씌우지 말라 기록하였으니"(9:9a. 참조. 신 25:4)입니다. 바울은 이 구절이 하나님께서 소를 염려해서 주시는 말씀이 아니라 복음을 전하는 사람을 위한 말씀이라고 설명합니다. 두 번째 본문은 "성전의 일을 하는 이들은 성전에서 나는 것을 먹으며 제단에서 섬기는 이들은 제단과 함께 나누는 것을 너희가 알지 못하느냐"(9:13. 참조. 민 18:8, 31; 신 18:1–3)입니다. 제사장이 성전에서 먹을 것을 공급받았다는 사실에서 바울은 "이와 같이 주께서도 복음 전하는 자들이 복음으로 말미암아 살리라 명하셨"다는 논리적인 결론을 이끌어냅니다(9:14. 참조. 눅 10:7). 바울은 구약성경과 예수님의 말씀을 들어 교회가

---

1) Johnson, 『공동소유』, 155.

복음을 위하여 사역하는 사람들을 물질로 후원하는 것이 당연하다고 가르칩니다.

초대교회에 말씀 사역자들을 물질로 후원하는 지침이 있었을까요? 갈라디아서 6:6은 명확하지는 않지만 그들을 물질로 후원하라는 기본적인 지침을 제공하는 본문입니다. "가르침을 받는 자는 말씀을 가르치는 자와 모든 좋은 것을 함께 하라." 여기서 "모든 좋은 것"에는 틀림없이 물질적인 지원도 포함되었을 것입니다. 교회가 "말씀을 가르치는" 사람을 당연히 후원해야 했던 것은 바울이 고린도전서 9장에서 천명한 근거가 작용했을 것입니다(고전 9:9, 13).

디모데전서 5:17-18에도 이와 비슷한 내용이 담겨 있습니다. "잘 다스리는 장로들은 배나 존경할 자로 알되 말씀과 가르침에 수고하는 이들에게는 더욱 그리할 것이니라"(딤전 5:17). "배나 존경"하는 것이 마음가짐이나 태도만을 가리키는지, 아니면 물질적인 후원을 두 배나 하라는 것인지는 불분명합니다만, 이어지는 말씀에 따르면, 말씀과 가르침에 종사하는 사람들에게 주어지는 물질적인 후원을 포함한다고 결론을 내릴 수 있습니다. "(왜냐하면) 성경에 일렀으되 곡식을 밟아 떠는 소의 입에 망을 씌우지 말라 하였고 또 일꾼이 그 삯을 받는 것은 마땅하다 하였느니라"(딤전 5:18. 참조. 신 25:4).

바울 자신은 이와 같은 성경적인 근거가 있는데도 교회에게 자신의 권리를 주장하지 않았고 교회로부터 물질적인 도움을 받지도 요구하지도 않았습니다. 그의 행위는 예외적인 경우에 해당할 것입니다. 고린도 교회의 형편을 고려하여, 그는 자기 손으로 일하면서 생계를 유지했습니다(행 18:3; 고전 9:15, 19-23). 이것은 성경의 예에 비춰 보거나 당대 헬라세계의 가치관으로 볼 때 획기적인 결정입니다. 우선 바울은 십계명의 원리와 그가 인용한 성경의 원리를 자신에게 적용하지 않았습니다. 구약성경의 가르침을 기계적으로 적용하지 않은 것입니다.

헬라세계에서 가르치는 자와 가르침을 받는 자에게서 수입을 얻는 방법에 비춰볼 때, 바울이 가르치는 사람으로서 가르침을 받는 교회에게 보여준 태도는 놀라운 것이었습니다. 헬라세계에서 철학자들과 수사학자들이 일의 대가로서 수입 얻는 방법이 네 가지가 있었습니다. 첫째, 부유한 후원자의 공식적인 고객이 되는 방법. 둘째, 대중 앞에서 이야기를 들려주고 그들에게 대가를 직접 요구하는 방법. 셋째, 구걸하는 방법. 넷째, 스스로 생업에 종사하여 생계를 꾸려가는 방법. 그런데 이 중에서 가장 명예롭지 못한 것이 네 번째 경우였습니다.[2)]

바울은 가장 불명예스러운 방법을 택했습니다. 그 이유는 자신이 자유인이지만 모든 사람의 종이 되었다는 것을 실천하며 그럼으로써 많은 사람을 얻으려는 데 있었습니다(고전 9:19-22). 그러나 또한 우리가 간과하지 말아야 하는 중요한 이유는 바울이 복음을 전할 때 오직 하나님에게만 매여 있음을 전하려는 데 있었다는 사실입니다(9:9-10. 참조. 마 10:10; 눅 10:7). 좀 더 직접적으로 이렇게 표현해 보겠습니다. 바울은 교회가 말씀 전하는 사람을 물질로 후원하라고 가르쳤습니다. 그는 구약성경에 있는 구약의 십일조가 성전에서 일하는 사람을 후원하는 것이라는 점도 잘 알았을 것입니다. 그런데도 바울은 교회에게 십일조 제도를 적용하여 생활비 지지할 것을 요구하지 않았습니다. 왜 그랬을까요?

소극적으로는 그릇된 동기에서 비롯된 사역이나 지원 받은 재정의 그릇된 사용 때문에 복음이 훼방을 받지 않도록 하려는 데 그 이유가 있었을 것입니다. 하지만 이보다 더 근본적인 이유가 있습니다. 그것은 예수님께서 말씀하신 하나님의 나라가 임했다는 사실에서 구약성경의 본문을 기계적으로 적용하지 않은 까닭입니다. 초대교회가 공동체를 도우려고 자발적으로 연보한 것처럼(행 2:44, 45; 4:32-35), 바울도 교회가 원리를 깨닫고 자발적으로 연보하기를 기대했습니다. 바울은 다만 자신을 기억하면서 가끔씩 물질을 보내주는 교회의 부정기적인 후원에 의지

2) Blomberg, 『가난하게도 마옵시고』, 271.

하여 생활했을 뿐입니다(빌 4:15-18).

이처럼 바울은 자신에게는 교인들에게 물질 후원을 요구하지 않았지만, 교회에서 사역하는 다른 사역자들에 대해서는 교회에게 그들을 물질적으로 도우라고 권했고 중요한 원리를 제시했습니다. 이 사실로 미루어, 우리는 1세기 교회에서 교회가 비록 체계적이지는 않았을지 모르지만 목회자의 생활을 지지하는 것을 당연시했다고 짐작할 수 있습니다.

셋째, 손님 대접을 위한 물질적인 후원이 있었습니다. 초대교회에서 손님 대접은 물질적인 지원이 필요한 교회가 해야 할 일이었습니다. 여기서 "손님"은 아마도 전혀 생계의 보장이 없이 빈손으로 이곳저곳을 돌아다니면서 복음을 전하는 순회전도자를 가리킬 것입니다. 그들은 주님께서 복음을 전할 때 지팡이나 전대나 여벌옷이나 신발을 챙기지 말라는 말씀을 문자적으로 실천한 사람들입니다(마 10:10a; 막 8:8, 9; 눅 9:3). 예수님이 이렇게 분부하신 이유는 분명합니다. "일꾼이 자기의 먹을 것을 받는 것이 마땅하기" 때문입니다(마 10:10b). 순회전도자들은 자신이 직접 먹을 것을 대비하는 것이 아니라 하나님께서 공급해주실 것을 기대했습니다. 동시에 예수님은 상대방에게 순회전도자들을 영접하여 먹을 것을 공급할 것을 명하셨습니다(참조. 마 10:11-14; 막 6:9, 10; 눅 9:4, 5). 말하자면 순회전도자들에게는 그들이 찾아간 지역에서 물질적인 공급을 받을 권리가 있었습니다.

바울도 이러한 상황을 고려하여 교회들에게 편지하면서 순회전도자를 잘 대접하기를 권했습니다. "성도들의 쓸 것을 공급하며 손 대접하기를 힘쓰라"는 명령이 바로 그것입니다(롬 12:13; 딤전 3:2; 5:10; 딛 1:8. 참조. 히 13:2; 벧전 4:9). 이러한 명령이 개인에게 한 것인지 교회에게 한 것인지를 엄격히 구별하는 것은 무의미합니다. 어쨌든지 바울은 신자들과 교회에게 말씀을 전하는 사람들을 위해 물질을 사용해야 한다고 가르쳤습니다. 교회 차원에서 이 일을 감당하려면 성도들은 교회에 물질을 넉넉히 드려야 합니다.

성경에 연보가 언제 수집되고 어떤 방식으로 후원되었는지는 분명하게 언급되지 않았습니다. 하지만 위의 예에서 우리가 분명하게 알 수 있는 것은 구약시대에 적용했던 십일조가 초대교회에서는 헌금의 의무나 요율로 요구되지 않았다는 사실입니다. 오히려 자원함이 강조되었습니다. 어쨌든지 방금 전에 살펴본 초대교회의 물질 사용 예들은 비록 현대 한국교회의 헌금에 직접 반영되지는 않았지만, 교회에서 어느 부분에 재정이 필요한지를 알 수 있는 좋은 자료입니다. 그렇다면 한국교회의 실정은 어떠한가요?

2. 한국교회의 예

제가 제목은 이렇게 붙였지만, 한국교회는 교파가 다양하고, 교회의 규모가 다양한 것만큼 헌금하는 방법도 다양합니다. 그래서 요즘 한국교회에서 시행되고 있는 헌금 방식을 일반화시킬 수는 없습니다. 그래도 대체적으로 공감할 수 있는 한국교회의 헌금 상황을 분석해 보겠습니다.

교회가 이 땅에서 신앙생활을 하기에, 공동체로 모여 교회가 수행해야 할 일을 제대로 하려면 물질이 필요합니다. 그래서 헌상 시간에 드리는 헌금은 현실적으로 교회의 사역과 관련하여 사용되는 재정의 중요한 위치를 차지합니다. 이런 상황에서 우리는 한국 교회의 경우를 대부분의 교회가 지나칠 정도로 십일조를 강조한다고 말할 수 있습니다.[3] 그리고 십일조 납부를 성숙한 그리스도인의 목표요 교회의 직원이 되는 표준

3) 최근에는 "십일조 학교"라는 것까지 생겨 교인들에게 십일조 하는 방법을 가르치는 실정입니다. 김두현, [십일조 학교], IFM, 21C목회연구소.

으로 간주하고 있는 실정입니다. 또한 교회는 십일조 이외에 다양한 명목의 헌금을 신자들에게 부과합니다. 월정헌금, 주정헌금, 감사헌금, 특별 감사헌금(생일, 입학, 졸업, 결혼, 회갑, 장례, 심지어 새해맞이〈신년〉 감사헌금까지), 서원헌금, 일천번제 헌금, 건축헌금 등등 온갖 이름을 갖다 붙인 헌금 종류가 이루 셀 수 없을 만큼 많습니다. 모든 삶에서 하나님께 감사하는 것을 가르치기 위함이라고 그 구실을 대면서 말입니다.

이 헌금들이 복 받기를 바라는 성도들에게는 기대를 가지고 즐겁게 할 만한 것이고, 이러한 헌금 생활을 통해 하나님께 물질을 드려 자신의 헌신을 표현하고 감사하는 것을 생활화하는 것을 배운다고 믿을지 몰라도, 몇 가지 생각할 점이 있습니다. 가장 심각한 문제는 감사를 금전적인 가치로 환산하고 물질을 드린 것으로써 하나님께 헌신하는 것을 다했다고 생각하게 된다는 데 있습니다. 이런 생각이 교회 공동체의 가치로 자리 잡고 있는 동안은 그 공동체에 속한 회원들은 그러한 가치관에 영향을 받기 마련입니다.

제일 먼저 나타나는 문제는 경제적인 형편이 어려운 사람들이 각종 명목의 헌금을 하지 못했을 때 오는 죄책감과 공동체로부터 소외감을 느끼게 된다는 사실입니다. 그렇다고 헌금을 억지로 하자니 교회에서 정해주는 요율대로 헌금하는 것은 그들에게 무척 부담이 되고 짐이 됩니다.

두 번째로 나타나는 것은 재화 가치가 있는 드림은 공동체에서 인정을 받지만 무형적인 소유를 드리는, 실제적인 헌신 생활에 대해서는 중요성과 가치를 부여받지 못한다는 사실입니다.

세 번째 문제는 가장 심각하고 결정적인 문제입니다. 많은 사람들이 헌금을 하되 하나님께 하기보다 사람을 의식하면서 헌금을 하게 된다는 사실입니다. 특히 한국교회에서 헌금 봉투에 이름을 기록하게 하고, 재정 위원이 헌금하는 사람들의 명단을 담임목사님께 보고하는 구조는 신자들이 헌금을 사람을 의식하며 하게 하는 빌미를 제공하게 되어 있습니다.

이 쯤 되면 "십일조"나 그밖에 각종 헌금 강조는 헌금하는 것을 하나님의 말씀의 표준에 의하여 실행하기를 가르치는 교육적인 목적보다는 (더 많은) 헌금을 징수하는 것 자체에 더 관심이 있다는 느낌을 떨쳐버릴 수가 없습니다. 더군다나 많은 신자들을 아연실색하게 만드는 것은 십일조가 원래 레위지파와 제사장 몫이었는데 현대에는 목사님이 제사장이니, 교회에 내는 십일조는 모두 목사의 몫이라고 주장하면서 십일조를 목사 개인 금고로 넣거나 목사의 개인 전결로 집행되는 일이 여러 교회에서 자행되고 있다는 사실입니다.

이러한 폐해가 발생하는 이유가 있습니다. 그것은 실제로 교회가 헌금을 권하는 것 자체보다는 헌금 방법과 관련하여 헌금에 대한 구약과 신약의 다른 점, 왜 헌금을 하는지 또 헌금의 의미가 무엇인지를 가르치지 않는다는 것입니다. 단지 헌금만 많이 걷히면 그만이고, 거기에 만족한다는 사실입니다.

교회는 성도들에게 하나님께 전적인 헌신과 제자도의 삶을 거의 가르치지 않습니다. 굳이 그런 것을 가르칠 필요가 없다고들 생각합니다. 논리는 단순합니다. 제자도의 삶은 물질을 포기하는 것이고, 물질을 포기한다는 확실한 증거는 교회에 헌금을 많이 하는 것이라고 믿는 까닭입니다. 또한 성경에 십일조가 언급된 것을 헌금에 대한 표준으로 받아들이고 그것을 헌금에 대한 지침으로 삼지, 헌상과 관련하여 더 깊이 생각하지 않으려고 합니다. 헌상의 의미나 제자도에 대한 교훈이 없이 헌금 내는 것만을 요구할 경우 성도들은 율법주의의 위험에 빠질 수가 있습니다.

현실적인 문제도 짚고 넘어가야 할 것 같습니다. 최근 통계에 따르면, 한국교회의 70퍼센트 이상이 교회 건물을 유지하고 목회자의 생계비를 지지하는 데 어려움을 느낄 정도로 경제적으로 자립을 이룩하지 못하고 있습니다. 이와는 다르게, 대형 교회의 경우에는 성도들로부터 거두어들인 돈으로 점점 더 부유해지고, 교회의 재정은 그 많은 돈을 어디에 써야 좋을지 모를 정도로 넘쳐나고 있습니다. 최근에 어느 교회의 목사님은 100억이 넘는 여유 자금을 펀드에 투자했다가 당회로부터 탄핵(?)을 받기도했고, 또 다른 교회의 목사님은 교인들이 자기를 보고 헌금을 많이 했다고 주장하면서 교회 예산 중에서 수억 원을 목회자의 한 달 판공비로 쓰거나, 교회와는 전혀 무관한 회사에 헌금의 일부를 증여하거나 교회가 주식을 사들이기도 합니다. 더욱 가관인 것은 교회가 (예상되는 헌금 수입에 대한) 믿음이 너무 좋아서, 20억을 가지고 900억짜리 교회당을 건축하려다가 헌금이 예상했던 것보다 턱없이 부족하게 들어오자 교회당 건축은 중단되고, 교회는 빚을 지고 공동체는 와해되어 버리는 일이 2010년 전후로 하여 한국에서 실제로 일어났습니다.

헌금을 거두는 데 능력이 있는 초대형 교회의 목사님들이 풍요로움을 누리는 중에도 소규모 공동체를 목회하는 많은 목사님들은 가난에 방치되고 있는 실정입니다. 많은 신자들이 힘을 다해 헌금하고 교회에서는 헌금을 많이 하면 물질적인 복을 많이 받는다고 힘을 실어주지만, 정작 하나님께 헌금하는 사람들에게 기대되는 헌신적인 삶은 찾아보기 힘듭니다. 말하자면 신자가 돈을 바침으로써 고백한 자신의 신앙의 내용을 그의 삶 속에서는 찾아보기 어려운 것이 한국교회의 현실입니다.

더욱이, 2013년 후반기에 한국의 모 대형교단에서 "십일조를 안 내는 사람은 교인 자격을 정지하는 방안을 추진한다"는 소식이 세상에 알려지면서 한국 교회와 사회가 떠들썩하는 사건이 벌어졌습니다. 한국교회의 굴지의 모 교단 총회에서 총회 헌법을 개정하면서 나온 이 혁신적인 발언은 기독교 신문(뉴스엔조이)과 일간신문(ㅈㅅ일보, ㅎㄱ일보 등)과 인터넷 소식지에 등장할 만큼 세인(世人)에게도 관심의 대상이 된 빅뉴스였습니다. 전 방위에서 비난이 빗발치자, 해당 교단의 중진 목사는 "교인 자격을 정지한다"는 것이 "교회 출석을 막는 건 아니지만, 장로, 권사 등 교회 내 선출직에 대한 선거권, 피선거권을 갖지 못하게 한다는 의미"라고 애써 변명했습니다. 하지만 교인 자격을 십일조와 연결시키려는 총회 헌법 개정안 추진은 한국교회가 얼마나 물질 만능주의로 치닫고 있는지를 보여주는 현실을 반영합니다.

문제의 교단을 제외하고도 대부분의 개신교 교단은 총회 헌법에 헌금과 관련하여 지침을 명문화해 두었습니다. 대충 이런 내용입니다. "교인은 십일조의 의무를 다하고 모든 헌금생활을 하여야 한다.…… 교인으로서 6개월 이상 예배에 출석하지 않거나 십일조 헌금을 하지 않는 교인은 권리가 자동 중지된다." 헌법에는 교인의 "자격"이 아니라 "권리"가 중지된다고 되어 있어 외부의 반박을 피할 길은 구멍은 열려 있습니다. 그러나 이번 경우처럼, 이 사항을 교단 지도자에게 유리한 대로 적용하여 나중에 단순히 신자들의 선거권과 피선거권을 박탈시키는 것에 국한하지 않고 그것보다 한 걸음 더 나아가 수찬 정지를 시키거나, 아예 그 사람의 믿음을 의심하여 학습문답, 세례문답을 거쳐 입교 절차를 다시 밟게 하지나 않을까 두렵습니다.

이 뉴스가 나온지 채 두 주일도 지나지 않아서 해당 총회는 문제의 법안을 "6개월간 출석하지 않고 헌금을 하지 않을 경우, 당회 결의로 공동의회 때 결의권과 투표권을 제한할 수 있다. 단, 수입이 없거나 특별한 경우는 예외로 한다"로 고쳐 총회에 헌의했다고 합니다. "십일조"라고 명시한 부분을 "헌금"으로 바꿨으며, 교인의 자격이 "자동 중지된다"는 내용을 "당회의 결의로" 그렇게 한다고 했고, "교인의 자격"을 "공동의회 결의권과 투표권"이라고 풀어 썼습니다. 또한 헌금을 하지 못하는 교인들에 대한 현실적인 문제도 고려한 단서 조항을 넣었습니다. 처음에 발의한 것보다는 강도가 완화되었지만, 한국에서 헌금은 여전히 교인됨의 자격을 결정하는 데 지대한 영향을 미치는 것으로 이해됩니다.

이쯤 되면 대부분의 신자들이 그들의 전체 삶의 영역에서 헌신하거나 그들이 가진 지혜와 힘과 기술과 재능과 시간을 하나님과 다른 사람을 섬기기 위하여 사용하는 것에 관심을 가지기보다는 개인이 더 많은 복을 받고 물질적으로 풍요로움을 얻기 위해 물질을 드리고 있다는 생각을 떨쳐버릴 수가 없습니다. 그렇게 배우고 또 그런 마음으로 물질을 드리는 신자들이 많이 있습니다.

소유를 주님께 드리는 것이 물질적인 복을 자동적으로 받는 수단으로 이어질 수 있다는 이 위험한 생각은 한국 사회에 만연한 샤머니즘과 그 맥을 같이 합니다. 심지어 터놓고 그렇다고 주장하는 목사님이나 신자들도 있습니다. 거기에 "십일조"가 복 받는 비결로 작용하는 것입니다. 십일조는 수입의 열 배를 보장한다고 하면서 말입니다. 그래서 (믿음을 가지고) 미리 십일조를 내면 하나님께서 열 배나 주신다고 호도하는 목회자들까지 나오게 되었습니다. 수입의 십분의 일을 드리는 경우를 거꾸로 적용한 예입니다.

신약시대에는 초대교회가 그랬듯이, 다른 원리에 의해 신자들의 드림을 생각해야 합니다. 그것은 구약의 모든 그림자요 모형을 성취하신 그리스도가 오셨다는 사실에 따른 원리입니다. 또한 그리스도와 더불어 하나님의 나라가 임하였습니다. 드림과 관련하여, 우리는 하나님의 나라가 임하였으니 하나님의 통치를 받으며 우리의 삶을 어떻게 살고, 우리가 가진 무형, 유형의 재산을 하나님과 다른 사람을 위하여 어떻게 사용해야 할지 생각해야 합니다. 그렇다면 신약시대의 신자들이 하나님께 드리는 원리는 무엇일까요?

3. 신약시대의 드림(헌상)의 원리

신약시대는 구약시대에 하나님의 백성인 이스라엘 사람들에게 요구했던 물질적인 드림에서 의미가 훨씬 더 강화된 물질 드림으로 그 강조가 바뀌었습니다. 심지어 이 전환은 물질에서 영적인 것으로 바뀌었다고 할 정도입니다(요 4:23, 24). 이것은 제사나 예물 드리는 제도에서 가장 극명하게 나타났습니다. 옛 언약 하에서 행해지던 제사와 예물 등 땅과 농산물과 관련된 드림이 새 언약 하에서 예배의 체계나 그 의의가 영적인 차원의 드림(giving)으로 바뀌었습니다(골 2:17; 히 8:5; 10:1). 신약시대의 교회에 속한 사람들이 볼 때 구약시대에 행해지던 모든 제도와 규율이 없어져 버린 것처럼 보일 정도입니다.

구약시대와 비교하여 신약시대에 분명하게 달라진 것이 있다면, 그것은 이스라엘의 열두 지파가 신약교회에 존재하지 않는다는 사실입니다. 인종 구별이 없는 이방인 신자들이 존재할 뿐입니다(골 3:11). 예배를 주관하던 레위 지파와 아론 계 제사장은 신약시대에 더 이상 존재하지 않습니다. 실제로 레위 지파의 혈통에 속한 사람이 지금 존재한다고 하더라도, 신약교회의 상황에서는 아무 의미가 없습니다. 그리스도만이 유일하고 탁월한 제사장으로 계시기 때문입니다. 또 구약시대의 예배의 중심이었던 성전이 없어졌습니다. 신자들이 성전이 되었기 때문입니다. 성전이 없고 성전에서 제사를 주관하던 인간 제사장이 없어졌으니, 성전에서 드리는 제물과 예물이 더 이상 필요가 없게 되었습니다. 영원한 제물과 예물이 되시는 그리스도께서 단번에 영원한 제사를 드려 우리를 하나님 앞으로 인도하셨습니다.

이처럼 변화된 상황에서 구약시대에 땅을 기업으로 받았던 열한 지파가 기업이나 분깃이 없던 레위 지파를 돕고, 또 가나안 땅의 소유주이신 하나님께 땅을 주신 대가로 토지 사용료로 소산의 십분의 일을 내던 것은 물리적인 가나안 땅을 기업으로 받지 못한 신약시대 신자들에게 그대로 적용할 수가 없습니다. 우리는 단지 "성도"라는 영적인 기업을 받았을 뿐입니다. "우리로 하여금 빛 가운데서 성도의 기업의 부분을 얻기에 합당하게 하신 아버지께 감사할" 뿐입니다(골 1:12).

그러니 이제 신약교회는 더 이상 옛 제사 제도에 지배를 받으며 예배하지 않습니다. “새 술은 새 부대에”의 원리가 예배 방식에도 적용이 됩니다. 신약시대는 신약시대의 예배 방식을 따라야 합니다. 이 원리는 바로 헌상에 적용할 수 있습니다. 사실, 신약성경에는 우리가 돈을 드림으로써 하나님께 헌신하라고 가르치는 구절이 없습니다. 이와 관련하여 옛 시대에 시행되던 십일조와 새 시대에 시행되는 헌상 간에 불연속성이 있습니다. 물론 두 시대 간에 연속성도 존재합니다.

연속성은 드림의 원리에 있습니다. 그것은 우리 자신을 비롯하여 우리의 소유 전체가 하나님에게 속했으며, 하나님이 우리가 가진 모든 것의 주인이시라는 사상입니다. 그래서 우리가 물질을 드릴 때에는 우리가 하나님의 소유라는 것을 고백하며 자신을 전체로 하나님께 드립니다.

불연속성은 구약시대에 통용되던 십일조 제도가 이제는 더 이상 신약시대의 드림의 원리에 문자적으로 적용되지 않는다는 것입니다. 신약시대에는 이보다 훨씬 더 강력하고 자유롭고 은혜로운 원리가 작용합니다. 바울은 말합니다. “너희는 너희 자신의 것이 아니라 값으로 산 것이 되었으니 그런즉 너희 몸으로 하나님께 영광을 돌리라”고 말입니다(고전 6:19, 20). “몸”은 우리의 인격 전체를 아우르는 단어입니다. 그래서 “몸으로 하나님께 영광을 돌린다”는 것은 우리가 가진 것 전체로, 우리가 살아가는 삶의 영역 모든 곳에서 하나님께 “우리 자신”을 드리는 것을 의미합니다.

특히, 우리 자신 전체가 하나님의 것이므로, 구약시대에는 레위인에게 땅의 기업을 주지 않은 상황에서 나머지 열 한 지파가 이들의 생계를 보호해야 하는 의무가 있었던 반면에, 레위인도 존재하지 않고 제사 제도도 없으며 중앙 성소도 없고 땅의 기업과 관계없는 신약시대에 사는 신자들에게 구약과 동일한 의무를 부과할 수 없는 것은 자명합니다. 초대교회의 삶을 묘사하는 여러 구절들에서 우리는 사도들이 교회에게 십일조를 부과하지 않았다는 것을 확인했습니다.

하지만 제가 이 책에서 강조하려는 것은 구약과 신약의 불연속성보다는 연속성에 있습니다. 저는 하나님께 무언가를 드리는 문제와 관련하여 구약시대를 지배하던 드림의 규율이 폐지되었지만 여전히 신약시대에도 신자들은 자신의 소유를 하나님의 것이라고 생각하고 드리는 원리가 신자들의 삶에 중요하게 작용한다고 믿습니다.

그렇다면 구약의 드림의 방법과 구별되는 신약의 드림의 원리는 무엇일까요? 저는 신자들이 자신을 하나님께 드리는 것을 설명할 수 있는 가장 좋은 원리를 "그리스도 안(in Christ)" 개념에서 찾아야 한다고 생각합니다. 구약시대에 율법에 규정된 물질 드림과 물질적인 복은 신약시대에 철저하게 "그리스도 안에서" 이루어졌고, 영적으로 적용되었습니다. 이것은 하나님이 영이시기에 그분이 "예배하는 자가 영과 진리로 예배하기를" 원하신다는 원리에 따른 것입니다(요 4:23, 24).

히브리서 저자는 7장에서 십일조와 관련하여 족장들의 관련성을 논의한 후 이렇게 결론을 내립니다. "(율법은 아무 것도 온전하게 못하기에) 더 좋은 소망이 생기니 이것으로 우리가 하나님께 가까이 가느니라"(히 7:19). 우리가 하나님께 가까이 가는 "이것"은 바로 더 좋은 소망이신 "예수 그리스도"입니다(7:20-22). 우리는 구약의 성도들보다 더 좋은 소망을 가진 사람들입니다. "예수님은 영원히 계시므로 그 제사장 직분도 갈리지 아니" 합니다. 그러한 이유로 그분은 "자기를 힘입어 하나님께 나아가는 자들을 온전히 구원하실 수 있으"십니다(7:24, 25). 십일조가 통용되던 구약시대에는 십일조를 받던 레위인도, 제사장도 하나님께 나아가는 사람들을 온전히 구원할 수 없었습니다. 그러나 그리스도는 "더 좋은 언약의 보증"(7:22)이 되셔서 우리를 하나님께 나아가게 할뿐더러 우리를 하나님께 온전히 드리게 하는 기초를 놓으셨습니다.

이 주제에 대한 논의는 히브리서 9장과 10장에서도 계속됩니다. "그러므로 형제들아 우리가 예수님의 피를 힘입어 성소에 들어갈 담력을 얻었나니 그 길은 우리를 위하여 휘장 가운데로 열어 놓으신 새로운 살 길이요 휘장은 곧 그의 육체니라”(히 10:19, 20). 율법은 사람들을 구원하고 깨끗하게 하고 하나님께 나아가게 하는 데 한계가 있기에 아무 것도 온전하게 할 수 없습니다(참조. 히 9:9; 10:1, 11). 하나님의 백성을 온전하게 하는 데 한계가 있었다는 의미입니다.

또한 율법은 우리가 하나님께 무언가 드리는 데도 한계가 있었습니다. 그러한 까닭에 구약시대에 드리는 것은 하나님이 기뻐하지 않으셨습니다. “제사와 예물과 번제와 속죄제”는 하나님께서 원하지도 아니하고 기뻐하지도 아니하신다는 말씀처럼 말입니다(10:8). 한 마디로 말해서, 율법에 의존해서는 아무도 아무 것도 하나님께 온전히 드릴 수가 없습니다.

이러한 율법의 한계 때문에 하나님께서는 그 첫째 것을 폐하시고 둘째 것을 세우기를 원하셨습니다(히 10:9b). 둘째 것은 하나님의 뜻을 온전히 행하는 것입니다(10:9a). 히브리서 저자는 이렇게 선언합니다. “이 뜻을 따라 예수 그리스도의 몸을 단번에 드리심으로 말미암아 거룩함을 얻었노라”라고 말입니다(10:10). 우리가 하나님께서 신자들에게 기대하시는 온전한 제물로서 우리 자신을 하나님께 드릴 수 있다면 그것은 오직 그리스도를 힘입음으로써, 또 “그리스도 안에서만” 가능합니다. 우리는 “예수님의” 피를 힘입어 하나님께 나아가는 담력을 얻습니다(10:19). 담력은 담대함이고 당당함입니다. 이러한 담대함은 예배에만 해당하는 것이 아니라 우리 삶에도 해당하고, 특히 헌상 시간에 우리 자신을 드리는 것에도 적용됩니다. 예배 중에 드리는 헌상 시간은 바로 이와 같은 헌신을 (우리를 대표하는) 물질을 드리는 것으로써 표현하는 시간입니다.

히브리서의 가르침에 따르면 우리는 하나님께 돈을 가지고 나가든지 돈이 없이 빈손으로 나아가든 상관없이, 많은 돈을 드리든지 아니면 적은 액수의 돈을 드리든지 상관없이, (성전이 아니라) 어디서든지 그리스도로 더불어 당당하게 하나님께 가까이 나아가고 하나님께 자신을 드릴 수 있습니다(히 10:19, 22. 비교. 13:15). 이제 신약시대에는 드린다는 원칙과 그 정신이 의식법처럼 외적으로 율법 규율에 의해 표현된 것이 아니라 마음으로(또는 영적으로) 표현되었습니다. "내 법을 그들의 마음에 두고 그들의 생각에 기록하리라"는 새 언약의 핵심은 우리가 외적인 율법에 의존하지 않고 성령님에 의존하여 우리의 마음으로 하나님께 나아감을 강조합니다(히 10:16. 비교. 히 8:6; 롬 11:27; 렘 31:33).

바울은 이 내용을 옛 시대와 새 시대를 비교하면서 이렇게 표현합니다.

> 우리가 육신에 있을 때에는 율법으로 말미암는 죄의 정욕이 우리 지체 중에 역사하여 우리로 사망을 위하여 열매를 맺게 하였더니 이제는 우리가 얽매였던 것에 대하여 죽었으므로 율법에서 벗어났으니 이러므로 우리가 영의 새로운 것으로 섬길 것이요 율법 조문의 묵은 것으로 아니할지니라(롬 7:5, 6).

육신, 즉 구약시대에는 "율법 조문"의 지배를 받았습니다. 하지만 이제는 "영의 새로운 것"으로 섬기는 시대가 되었습니다. 동일한 내용이 로마서 8장에는 다른 방식으로 표현되었습니다.

> 이제 예수 그리스도 안에 있는 자에게는 결코 정죄함이 없나니 이는 예수 그리스도 안에 있는 생명의 성령의 법이 죄와 사망의 법에서 너를 해방하였음이라(롬 8:1, 2).

바울에 따르면, "예수님 (그리스도) 안에" 있는 자는 율법에서 해방되었고, 성령의 법으로 삽니다. 그래서 율법으로 행하는 사람은 사망에 이르고, 영을 좇아 행하는 사람만이 생명과 평안을 얻는 것입니다(롬 8:5, 6). 우리는 "그리스도 안"에서 그리스도의 사람이 되었고, 그리스도의 몸인 교회에 속한 지체가 되었습니다(롬 6:21, 14; 빌 1:13; 3:9; 4:7). 우리가 그리스도 안에 있으므로, 그리스도에게 일어난 일은 우리에게도 일어납니다. 그분이 죄와 세상에 대하여 죽으셨다면, 우리도 그러합니다. 그분이 하나님과 의에 대하여 살아나셨다면, 우리도 그러합니다(롬 6:1-11). 우리의 참된 존재는 바로 "예수 그리스도 안"에서만 찾을 수 있습니다(고전 1:30). 우리는 그리스도 때문에, 물질의 특정한 분량을 드리는 것이 아니라 우리의 전 존재를 하나님께 드릴 수 있고, 또 그렇게 드려야 합니다. 이제 새 언약 안에 있는 신자들은 어떤 식으로 자신을 하나님께 드릴까요?

4. 전적인 헌신의 삶으로서 헌상

새 시대에 그리스도 안에 있는 사람이 무엇을 드리고 또 어떻게 드릴지를 간명하지만 핵심적으로 잘 표현한 본문은 로마서 12:1입니다. "너희 몸을 하나님이 기뻐하시는 거룩한 산 제물로 드리라." 여기서 바울은 우리가 드려야 할 것이 "몸'이라고 가르칩니다. "몸"은 자신의 총체이며 전인격의 표현이기 때문에(창 2:7. 참조. 롬 5:12; 8:23; 빌 3:21), 바울은 단순히 돈만 아니라 우리의 전체 삶을 하나님께 드리라고, 우리의 헌신을 요구하는 것입니다(비교. 히 13:15, 16). 우리의 전 인격이 하나님께 속한 것이기에 우리는 삶으로써 하나님을 영화롭게 해야 합니다(고전 6:19, 20. 비교. 사 43:1). 하나님이 우리에게 진실로 원하시는 것은 우리 소유의 한 부분이 아니라 우리 자신 전체이기 때문입니다(고전 10:31; 골 3:17, 23).

우리 몸을 하나님께 드린다는 것은 단순히 우리가 하나님의 소유를 관리하는 청지기라는 청지기직 개념보다 훨씬 더 높은 원리입니다. 존슨은 심지어 "청지기직"이 교회가 헌금을 많이 하라고 만들어낸 단어는 아닌지 의문을 제기합니다. 존슨에 따르면, 청지기직의 중심사상은 청지기가 주인을 기쁘게 하는 것과 다른 종들의 유익을 위해 일해야 한다는 것, 그리고 그에게 맡긴 재물을 책임 있게 사용함으로써 앞의 두 책무를 다 하는 데 있다고 요약합니다.[4] 그러니까 청지기직은 주인과의 관계성을 강조하며 주인의 것에 대한 책임을 부각시키지, 헌상과 같은 드림을 가르치는 개념은 아닙니다.

그리스도인들이 헌신의 표로 물질을 드리고 교회를 후원하는 것은 당연한 일입니다. 그것은 교회 공동체에 속한 구성원으로서 마땅히 해야 할 일이기도 합니다. 이 경우에는 연보를 하는 것을 두고 굳이 청지기직에 대한 성경적인 근거나 신학적인 이유를 찾을 필요가 없습니다. 오히려 우리의 전 존재를 하나님께 드리며 살라는 총체적인 드림과 온전한 드림의 원리가 더 중요합니다. 그런 점에서 제가 방금 전에 소개한 로마서 12:1의 "너희 몸을 하나님이 기뻐하시는 산 제물로 드리라"는 바울의 권면이 그리스도인의 헌신과 헌상으로서 물질 드림을 설명할 수 있는 더 좋은 개념입니다. 신자들이 그리스도 안에서 새 사람이 되었고, 세상과 구별하여 하나님께 속하여 있기 때문입니다.

신자들은 세상에서 구별되어 하나님께 따로 서 있는 사람들입니다. "그러므로 너희는 그들 중에서 나와서 따로 있고 부정한 것을 만지지 말라"(고후 6;17). 하나님은 우리가 세상에서 따로 나와 거룩하게 구별되어 있기를 요구하십니다. 이 요구에 비춰보면, 우리가 거룩하게 되어야 할 것은 "부분"이 아니라 우리 자신 "전체"입니다(벧전 1:15, 16. 참조. 2:9, 10). 우리가 드리는 몸은 그리스도의 몸의 한 지체이며 성령님이 거하시는 성전입니다(고전 6:15, 19; 고후 6:16). 교회는 성령의 전(殿)입니다(엡 2:20. 비교. 요 2:21). 이제는 물리적인 예배 장소가 아니라 성령(영)

---

4) Johnson, 『공동소유』, 214-15.

과 진리로 예배하는 시대가 되었습니다. 하나님은 성령과 진리로 예배하는 자를 찾으십니다(요 4:23, 24). 그리스도께서 자신의 몸으로 온전한 예배를 드리셨던 것처럼(히 9:11, 23; 10:10), 그리스도인들은 "그리스도 안에서" 영과 진리로 하나님을 예배하며, 자신을 하나님께 드립니다.

이 원리에 따라 그리스도인의 헌신을 말할 때 반드시 고려해야 할 것이 있습니다. 그것은 헌신과 물질 드림의 관계입니다. 헌신과 헌상으로서 물질을 드리는 것은 우리에게 금전적인 가치가 창출된 액수의 10분의 1만 하나님의 것이 아니라 우리가 가지고 있는 유형, 무형 재산 전체가 하나님의 것이므로 그것 하나하나를 하나님께 드리고 하나님이 기뻐하시는 곳에 사용해야 함을 의미합니다. 현실적으로 돈이 있어야 살 수 있는 이 세상에서, 우리는 우리의 생활도 영위하면서 동시에 교회에 헌금을 함으로써 교회 공동체를 세우는 문제와 관련해서 고민해야 할 내용이 바로 이것입니다. 그래서 신약시대에는 십일조가 아니라 "우리" 자신이 하나님께 전적으로 예물로 드리도록 창조함을 받았다는 사실이 더욱 강조되는 것입니다(롬 8:22; 약 1:18).

그렇다면 헌금 액수와 관련하여, 우리가 지금 생각하고 있는 헌신에 대한 성경의 원리를 구체적으로 어떻게 실천하면 좋겠습니까? 교회가 오랫동안 정한 비율(십분의 일)을 교회에 바치는 것으로 헌신했다고, 아니 자기의 의무를 다했다고 할 수 있을까요? 그렇지 않습니다. 오히려 교회는 성도들에게 그들의 삶 전체에서 그들에게 속한 모든 것을 하나님의 말씀 사역에 헌신하고 있는 목회자를 비롯한 여러 사역자들과 선교사들을 위하여 사용하고 (구제나 자선 사업에 후원하는 것과 같은) 이웃 사랑을 실천하는 데 자신을 드려야 합니다. 영의 원리가 작용하는 신약 교회에서도 현실적으로 돈이 필요하고, 돈이 사용되어야 할 곳이 많이 있습니다.

신약성경은 이 광범위하고 충분한 헌신, 드림, 제사에 관한 교훈 이외에 돈을 하나님의 나라를 위해 어떻게 사용해야 하는지에 대해서도 가르칩니다. 성경에서 돈의 사용과 관련하여 구체적으로 언급하는 본문이 있습니다. 성경은 재물을 가족의 필요를 공급하는 데 사용해야 한다고 가르칩니다(딤전 5:8. 참조. 고후 12:14; 딤전 6:7-10). 이것은 가족을 먹여 살리고 윤택한 삶을 영위하도록 하는 가장의 책임을 강조하는 말씀입니다. 가정 생활을 안정되게 유지하는 것도 하나님께 헌신하는 한 방법이라는 말씀입니다.

또한 재물은 교회의 사역자들의 생활과 복음 전하는 사람들의 생활을 지지하기 위해 사용해야 합니다(마 10:10; 고전 9:9, 14; 갈 6:6; 딤전 5:17, 18). 교회는 신자들 중에서 궁핍에 처한 사람들(롬 12:13)과 가난한 자들을 돕기 위해 써야 합니다(갈 2:10). 이외에도 교회는 우리 교회만이 아니라 다른 지역에 있는 교회의 필요를 채우기 위해 나눠주는 일에 힘을 써야 합니다. 마게도냐와 아가야 지방에 있는 교회가 예루살렘 교회를 도운 것이 좋은 예일 것입니다(롬 15:22-27; 고전 16:1-4).

이 큰 원리를 염두에 두고 헌상하는 시간에 구체적으로 얼마를 어떤 방식으로 드리는 것이 좋을지 생각해보겠습니다.

5. 헌금의 당위성, 헌금의 관리, 헌금의 방법

이 장에서 우리가 논의하는 주제 중에서 가장 예민한 문제를 다루는 순간이 왔습니다. 저는 앞에서 언급한 성경적인 기초에 근거하여, 오늘날 물질을 교회에 드려 헌상하는 것과 관련하여 교회가 신자들에게 단지 그들의 수입의 십분의 일 드리는 것에만 관심을 갖게 할 것이 아니라 그들의 전체 삶을 하나님께 드릴 것과 그들이 소유하고 있는 유형, 무형 자산을 하나님께 모든 것을 드린 사람답게 어떻게 사용해야 할지 가르치기를 권합니다. 그리스도께서 자신을 주신 것처럼(고후 8:9), 우리도 다른 성도들을 섬기는 일에 자신을 드리는 것이 진정한 헌상의 정신이라고 말입니다. 그렇지만 이 문제를 구체화할 필요가 있습니다.

1) 헌금의 당위성

헌상시간에 얼마를 드려야 할지 또 실제로 헌금하는 액수를 설명하기 전에, 이보다 더 근본적인 문제를 짚고 넘어가는 것이 좋을 듯합니다. 바로 "교회" 이야기입니다. 신자들은 개인주의 사회에 살면서 주님의 부름을 받아 교회에 들어온 사람들입니다. "교회"는 헬라어로 "에클레시아"(ἐκκλησία)로서 "총회" 또는 "공동체"라고 번역되고 그런 의미로 사용되는 단어입니다. 교회는 자기에게 붙여진 명칭에 걸맞게 개인이 아니라 공동체로 존재하는 실체입니다. 또한 교회는 하나님의 영이 거하시는 성전입니다. 이 말은 교회가 개인적으로만 아니라 일차적으로 공동체적으로 하나님의 성전이라는 의미입니다(고전 3:16; 엡 2:21, 22). 아무리 누추한 곳에서 모이고, 소수의 사람들로 구성된 공동체라 할지라도 말입니다. 교회는 그리스도의 몸이며, 신자들은 그 몸에 붙어 있는 지체들입니다. 모든 지체들은 그리스도 안에서 한 몸에 속해 있습니다(롬 12:4, 5). 그 지체들은 머리이신 그리스도로부터 마디와 힘줄로 공급함을 받고 연합합니다(골 2:19).

더욱이 독립적인 여러 개별 교회 공동체는 다시 서로가 연결되어 하나의 우주적인 교회가 됩니다(엡 2:21). 교회 안에 있는 사람들은 모두가 서로에 대하여 형제자매들입니다. 지역교회 하나하나는 포도나무의 가지들이며(요 15:1-8), 하나의 성전입니다(벧전 2:4-5). 바울은 이것을 다음과 같이 표현했습니다. "몸은 하나인데 많은 지체가 있고 몸의 지체가 많으나 한 몸임과 같이 그리스도(의 몸인 교회)도 그러하니라"(고전 12:12). 교회는 유기적인 연합체란 의미입니다. 교회는 교회끼리, 개인은 개인끼리 서로가 도움을 베풀어야 할 대상이지 경쟁해야 할 대상이 아닙니다(고전 12:12-27). 그러므로 각 사람은 교회를 세워가면서 자기가 가진 것을 사용함에 있어 서로에 대해 책임이 있는 존재들입니다(갈 6:2, 10). 이것이 사도신경에 천명된 "거룩한 공교회를 믿습니다"라는 어구의 기본적인 뜻입니다.

교회가 이러한 특성을 지닌 실체라는 사실을 믿는다면, 교회에서 상대적으로 좀 더 많이 가진 사람은 덜 가진 사람에 비해 지체들을 세우는 데 더 많은 책임이 있다는 것을 생각해야 합니다. 주님께서는 많이 맡긴 사람에게는 많은 것을 요구하십니다(눅 12:48). 이것은 모든 부분에서 적용됩니다. 경제적인 면에서, 부자는 재물을 교회를 위해 더 많이 사용해야 할 책임이 있습니다(마 19:23, 24; 막 10:22-25; 딤전 5:17, 18). 지적인 면에서 지혜가 있는 사람은 자기의 지적 재능을 봉사하는 데 더 많이 사용해야 합니다. 가르치는 면에서 말씀을 맡은 사람은 교인들을 가르치는 일에, 재능 면에서 재능이 많은 사람은 무엇을 만들고 고치는 일에 자신을 드리고, 섬기는 면에서 부지런하고 지치지 않는 체력을 가지고 있는 사람은 그것을 주님께 드려 힘써 봉사하는 일에 남들보다 더 많이 섬겨야 합니다(롬 12:6b-8). 신자들 각자는 이처럼 "우리에게 주신 은혜대로 받은 은사가 각각 다릅니다"(롬 12:6a). 신자들은 받은 은사대로 공동체를 섬기는 것으로써 그들의 "몸을 하나님이 기뻐하시는 거룩한 산 제물로" 드리는 것입니다(롬 12:1).

모든 것을 재화(財貨)의 가치로만 측정하는 자본주의 사회에서는 현물 가치만을 비중 있게 취급하고 물질 드리는 것을 중요하게 생각하지만, 교회는 그것보다 다양한 차원에서 더 높은 헌신을 가르치고 실천해야 하는 공동체입니다. 이것이 다른 지체를 위해 은사를 사용하는 구체적인 예이기도 합니다(고전 12:24, 25).

실제적인 문제로, 어느 교인이 교회에 돈을 적게 내고 심지어는 거의 낼 수 없는 상황에 처해 있더라도 그가 자신이 가지고 있는 은사를 교회

(공동체)를 세우는 일에 헌신하여 지체로서 책임을 다했다면, 그는 헌상 시간에 진정 하나님께 헌신했다고 고백할 수 있는 사람입니다(비교. 롬 12:3). 삶의 여러 영역에서 자신을 다 드려 하나님을 영화롭게 한다면, 그 사람 역시 충분히 하나님께 드린 사람, 즉 하나님께 헌상(獻上)한 사람입니다. 그는 하나님께 교회 공동체를 세워가는 일에 자신의 몫을 충실하게 행한 사람으로 인정받습니다(참조. 막 12:43-44). 하나님이 그 사람의 헌신을 받고, 그 사람 역시 하나님께 판단을 받았으면 되었지, 사람에게 인정을 받으려고 해서는 안 됩니다.

바울은 말합니다. "너희에게나 다른 사람에게나 판단 받는 것이 내게는 매우 작은 일이라 나도 나를 판단하지 아니하노니 내가 자책할 아무것도 깨닫지 못하나 이로 말미암아 의롭다 함을 얻지 못하노라 다만 나를 심판하실 이는 주시니라"(고전 4:3, 4). 아마도 바울은 예수님께서 유대인들에게 경고하신 말씀을 삶으로 체득하고 교회에 모범을 보여준 사람 같습니다. "사람에게 보이려고 그들 앞에서 너희 의를 행하지 않도록 주의하라 그리하지 아니하면 하늘에 계신 너희 아버지께 상을 받지 못하느니라"(마 6:1).

하지만 현실적인 문제도 고려해야 합니다. 교회는 영적인 것만을 강조하고 그것만으로는 세상에서 살아가기 힘든 연약한 공동체입니다. 교회가 세상에 있는 동안에는 재정 지출이 요구됩니다. 신자들이 모여 예배할 수 있는 쾌적한 공간이 필요하고, 교회를 유지하는 경상비도 있어야 하고, 또 자기 삶을 목회에 헌신한 사역자들의 생활비를 후원해야 합니다. 여기까지는 교회의 현상 유지를 위한 최소한의 비용입니다. 하지만 교회가 지체들 상호간에 또 세상에 대하여 사명을 잘 감당하려면 더 많은 재정이 필요합니다. 예를 들어, 선교사들을 후원하거나 미자립 교회에 도움을 주거나 교회 안에 있는 궁핍한 사람들의 생계를 지원하는 일 등등 교회가 해야 할 일은 많이 있습니다. 이런 일을 하는 데 물질이 필요합니다. 그러므로 신자들은 자기 가족의 삶을 바르고 단정히 세우는 것만큼, 아니 그 이상으로 교회를 세우고 교회가 제 역할을 잘 할 수 있도록 물질을 드림에 좀 더 열심을 내야 합니다. 교회에서 영적인 것으로 공급을 받지 못한다면, 가정도 힘이 없어지고 우리의 모든 삶에 의미가 없어지고 말 것입니다.

바울이 예루살렘 교회를 돕기 위해 마게도냐 교회와 아가야 교회에게 연보를 부탁한 예에서 우리는 실제적으로 어떤 정신으로 얼마를 헌금해야 할지 배울 수 있습니다. 바울은 교회가 연보를 미리미리 준비하여 억지로 헌금을 내지 않을 것을 가르쳤지만(고후 9:5, 7), 동시에 "모든 일에 넉넉하여 너그럽게 연보"하기를 부탁했습니다(9:8, 11). 이 부분에서 마게도냐 교회는 좋은 모범을 보였습니다. 마게도냐 교회는 "극심한 가난" 속에서도 풍성한 연보를 한 교회입니다. 아니, 바울은 오히려 마게도냐 교회가 처한 극심한 가난이 풍성한 연보를 하게 되는 동인이 되었다고 칭찬합니다(8:2). 마게도냐 교회는 만난 적도 없는 예루살렘 교회를 위해 물질을 드렸습니다. 큰 희생을 한 것입니다. 마게도냐 교회나 고린도 교회는 예루살렘 교회로부터 영적인 것을 나눠가져 복음을 듣고 교회가 서게 된 것을 물질을 드려 섬김으로써 어느 정도 그들이 받은 은혜의 빚을 갚으려 했습니다(롬 15:27).

바울이 마게도냐 교회를 칭찬하면서 한 말은 명령이 아니고 강제성을 띤 것은 아니지만 현대교회의 신자들이 헌금을 하면서 지표로 삼고 교회가 반드시 좇아야 할 중요한 요소입니다. 교회가 서로 간에 지체로 이루어진 공동체라는 것을 안다면, 신자들은 자신의 경제적인 형편을 채우는 데 관심을 갖기보다 다른 지체를 돕는 데 관심을 갖게 됩니다. 그래서 물질을 "더 많이" 드릴 수 있습니다. 이것이 신약성경에 언급된 헌금의 실제적인 예이고 물질을 드릴 때 구체적으로 고려해 두어야 할 사항입니다.

구약시대에 십일조를 사용할 때 알려주신 지침처럼(레위기, 민수기), 신약성경은 가난한 형제를 위해 물질을 사용하는 것이 그리스도인의 참 믿음의 외적인 표현이라는 것을 상기시킵니다(롬 12:13; 15:17; 약 1:27; 2:15-26). 궁핍한 형제에게 그들의 필요를 채워주는 것은 그리스도인의 참 사랑(요일 3:17)과 그가 믿는 믿음이 살아 있는 믿음임을 입증하는 일입니다(약 2:15, 16). 신약시대에는 제사를 드리지 않지만, 선을 행함과 서로 나눠주는 것은 하나님께서 기뻐하시는 "제사"입니다(히 13:16). 그래서 교회는 신자들이 어떻게 성숙한 그리스도인으로서 가난한 자를 도울지(살전 5:14), 우리의 사랑을 어떤 방식으로 다른 사람에게 표현할지를 가르쳐야 합니다. 그것도 자발적으로 할 수 있게 말입니다. 이것이 "주는 자가 받는 자보다 더 복되다"는 교훈의 의미이며(행 20:35), 자신을 넉넉하게 주신 예수 그리스도의 본을 따르는 삶입니다(고후 8:2).

이러한 분명한 신약성경의 가르침이 있는데도, 여전히 헌금의 최소한의 표준과 요율을 정해주려는 유혹을 받는 교회가 많이 있을 것입니다. 그러나 저는 여기서 이렇게 질문하고 싶습니다. 왜 구약성경의 다른 의식법과 시민법들은 그리스도 안에서 폐지되었다고 주장하면서 유독 십일조만을 고집하는지 말입니다. 그것이 돈 문제와 결부되었기 때문은 아닐까요?

정말로 율법 지키기를 원하고 그래서 십일조를 성경적인 헌금 개념이라고 믿으면서 신자들에게 십일조하기를 요구하려면, 십일조와 관련된 본문이 요구하는 대로 해야 합니다. 제일의 십일조에 해당하는 금액은 구약시대에 그랬듯이 중앙 성소에 다 갖다 바쳐야 합니다. 그 중앙 성소를 교단 총회로 정할지, 아니면 오늘날 이스라엘의 예루살렘에 있는 교회나 지금은 이슬람 사원인 황금 지붕의 바위 성전(Dome of Rock) 자리로 정할지 논의를 해봐야 하겠지만, 어쨌든지 모든 신자들의 (십일조) 헌금을 모으는 중앙 수집소에 가져가야 합니다. 그리고 그 십일조는 분깃이 없는 교회 사역자들(목사, 전도사, 교회사무원, 관리집사, 심지어 성경에 있는 대로 〈직업이 없는〉찬양대원까지)에게 다 주고, 그들이 공평하게 나눌 수 있게 해야 합니다. 그밖에 교인들은 동일하게 제이의 십일조를 교회(중앙 성소)에 와서 성직자와 가난한 사람들과 함께 먹는 데 다 써야 합니다. 매주일 균등하게 나눠서 사용할 수 있지만 말입니다. 또 이처럼 20퍼센트를 가난한 사람을 위하여 사용하는 것 이외에, 일 년 수입의 3.3퍼센트 정도는 반드시 구제하는 데 써야 합니다.

현재 교회가 헌금을 거두고 운영하는 실상은 이렇습니다. 부자 교회나 가난한 교회는 헌금을 자체적으로 거둬 운영합니다. 그런데 부자 교회는 재정이 남아돌아 여러 다른 곳에 지출하고 부동산 재산도 많이 보유하는 반면에, 가난한 교회는 현상유지도 못해서 궁핍함에 허덕이고 있습니다. 이런 현실적인 상황에서 부자 교회가 가난한 교회를 후원하되(고린도 교회가 예루살렘 교회를 후원하듯이), 한 달에 5~10만 원 정도 후원하는 것으로 생색을 낼 것이 아니라 교회의 사역자의 생활비 80~100퍼센트를 지원해줄 수는 없을까요? 저는 이것이 구약시대의 십일조 사용을 현대적으로 적용한 예라고 생각합니다. 물론 현실적으로 제가 제안한 대로 실천하기는 어렵습니다. 왜 그럴까요?

신약교회는 구약시대의 지파 공동체와 다르게, 혈연 관계로 이루어지지 않았고, 땅과 사업처를 하나님께 기업으로 공급받지 않았기 때문일 것입니다. 어찌 되었든지, 교회 대(對) 교회의 관계로서 부자 교회가 (하다 못해 같은 교단에 속한) 가난한 교회를 돌아보는 것이 연보를 바르게 사용하는 것 중에 하나입니다. 이것은 개교회 안에서 부자와 가난한 자에게도 적용될 수 있는 원리입니다.

현실 교회의 실정이 이러하다면, "교회"에 대한 바른 이해가 없이 현대교회가 신자들에게 여전히 십일조를 내기를 강요하고 그것을 헌금의 유일한 또는 중요한 표준으로 제시한다면, 십일조가 구약시대에 속한 사회에서 통용되던 것이라는 신학적, 성경적인 문제는 차치해두고라도, 신자들의 모든 관심은 단지 돈을 얼마나 내야 하는 지에 쏠릴 수밖에 없습니다. 대부분의 신자들은 정확한 액수를 납부하면 교회에서 자기의 의무를 다했다고 생각하게 됩니다. 또한 신자들은 정확한 십일조를 떼어 헌금할 때조차 기쁨과 자원함으로 헌금하기보다는 약간의 압박을 받으며, 억지로 또는 다른 사람의 눈치를 보며 헌금할 가능성이 많이 있습니다.

이럴 경우에 신자들에게서 어떻게 삶의 모든 부분에서 헌신의 삶을 살라고 지도할 수 있겠습니까? 자기들 생각에, 할당된 돈을 다 내어 하나님께 의무를 정확하게 다 행했는데 말입니다. 과연 이것이 진정한 헌신이겠습니까? 주님은 추상같은 음성으로 말씀하십니다. "네게 아직도 한 가지 부족한 것 있으니, 네게 있는 것을 다 팔아 가난한 자들에게 나눠 주라 ……그리고 와서 나를 따르라"(눅 18:22). 주님은 십분 일 헌신이 아니라 전폭적인 헌신을 요구하십니다.

저는 장로교에 속한 목사입니다. 장로교 헌법의 "예배모범" 제7장에 헌금에 관한 지침이 기록되었습니다. 1항에는 "성경이 가르치는 대로 모든 사람과 물건의 소유주는 하나님이시다. 우리는 우리의 생명과 재산을 관리하는 관리인에 불과하며, 그 소유권은 하나님에게 있다"고 정말 좋은 원리를 천명했습니다. 제가 이 책에서 강조하고 있는 내용이 저만의 독특한 생각이 아니라는 것을 알 수 있습니다. 그런데 바로 이어서 "예배모범"은 "이 사실을 인정하는 모든 신자는…… 자기 수입 중 얼마(적어도 10분지 1)를 헌금함으로 하나님을 경배하는 일단(一端)으로 삼고 나머지는 그리스도 신자답게 바로 사용해야 한다"고 권합니다.

제가 저자 서문에서 소개했던, 2013년 여름에 어느 교단에서 헌법을 고치는 내용이 바로 이 어구에 대한 해석에서 출발하고 있다는 것을 알 수 있습니다. 그 교단은 헌법에 있는 자기 수입의 "얼마"에 초점을 맞추기보다는 괄호 안에 있는 "적어도 10분지 1에" 초점을 맞추었습니다. 아무튼 장로교 헌법의 "예배모범"은 구약의 십일조 제도에서 영향을 받아 교인의 헌금 액수의 최소액을 10분의 1로 정해줍니다. 앞에서 모든 소유주가 하나님이시라는 큰 원리를 정하고 있으면서도 말입니다.

계속해서 "예배모범" 8항에는 어쩌면 1항의 내용과 정면으로 충돌되는 듯이 보이는 내용이 언급되었습니다. "헌금 행위에 대한 성경의 교훈은 헌금자의 자의적 헌납을 강조한다. 강요에 의하여 헌금하거나 인색한 마음으로 헌금하거나 의식에 매어 헌금하는 것은 하나님께 합당하지 않다."고 말입니다. 정말이지 성경의 원리를 이처럼 잘 정리할 수 없다고 할 정도의 좋은 문항입니다. 그런데 예배모범에 있는 "자의적"과 "강요에 의하"지 않고 "의식에 매"이지 않는다는 것을 어떻게 이해해야 할까요? 모교단에서 추진하려 했던 것처럼 담임목사나 헌금 계수자들이 헌금하는 사람들의 헌금 액수를 확인하여 "교인 자격" 또는 "교인의 권리"를 박탈한다고 한 것은 누가 보더라도 자의적인 헌금이 아니고 강요에 의하지 않고 의식에 매이지 않고 헌금하는 행동이 아닌 것입니다.

현실적으로 많은 신자들이 물질을 드리는 제도에서 시험을 받습니다. 제가 여러 번 강조합니다만, 신약성경은 물질을 내는 문제와 관련하여 교회에게 이렇게 권합니다. 자원하여(고후 8:11, 12), 넉넉하게(고후 8:2, 14), 준비해 두었다가(고전 16:2), 기쁨으로(살전 1:6; 2:14), 즐겨 내라고(고후 9:7) 말입니다. 이것은 글자 그대로 남의 눈치 보지 않고, 자발적으로 헌금하는 것을 의미합니다. 그래서 바울은, 하나님은 "할 마음만 있으면 있는 대로 받으"시지만, "없는 것은 받지" 않으신다고(고후 8:12), 하나님께서 헌금을 받으시는 것은 마음의 문제임을 강조합니다.

물질을 드리는 것, 그 중에서도 특히 십일조는 하나님께 내는 십 퍼센트 세금이 아닙니다. 물질을 드리는 것은 어떤 명목으로 드리든 간에 하나님께 자신을 드리는 헌신의 표입니다. 마음이 불편한데 정확한 세율을 내는 것을 하나님은 받지 않습니다. 정확한 요율은 국가에서 모든 국민에게 정확한 세율에 의해 세금을 거둘 때 하는 방법입니다.

신약시대의 헌상의 특징은 자발성과 자유로움에 있습니다(요 8:32; 갈 5:1). 그래서 목회자는 신자들에게 물질로써 헌상하기를 격려할 때, 억지로나 강제로 헌금하게 하지 않도록 조심해야 합니다. 오히려 능력에 따라 즐겁게 헌금하도록, 동시에 인색함으로 하지 않고 너그럽게 헌금하도록 지도해야 합니다(행 11:29; 고전 8:3; 고후 9:7, 11). 신자들이 내는 물질로 교회는 다른 사람들이 평안하게 되고, 조금씩 균등함을 유지해 나갈 것입니다(고후 8:13, 14).

앞에서 우리가 확인한 대로, 십일조 제도가 구약시대에 속한 것이 확실하다면, 신약교회가 어떤 종류든 액수를 정하여 헌금을 강요하고 그것을 헌금의 표준이라고 가르치는 것은 신약의 복음에 역행하는 것입니다. "그리스도께서 우리를 자유롭게 하려고 자유를 주셨으니 그러므로 굳건하게 서서 다시는 종의 멍에를 메지 말라"(갈 5:1)는 바울의 선언은 할례 문제에만 적용되는 것이 아니라 의식법을 지키는 문제에도 적용이 됩니다. 계속해서 바울은 말합니다. "내가 할례를 받는 각 사람에게 다시 증언하노니 그는 율법 전체를 행할 의무를 가진 자라"고 말입니다(5:3). 더 심각한 말까지 합니다. 율법에 의존하는 사람은 "그리스도에게서 끊어지고 은혜에서 떨어진 자"라고 말입니다(5:4). 이 원리가 십일조에는 적용되지 않는다고 말할 수 있을까요?

예수님은 분명 율법을 폐하러 오신 것이 아니라 완전하게 하려고 오셨습니다(마 5:17). 하지만 그분은 율법을 외적으로 또는 법조문처럼 문자적으로(만) 지킬 것을 가르치는 옛 사람들의 율법 해석과 그들의 행위를 비난하셨습니다. "그러나 나는 너희에게 이르노니"라는 어구로써 그분은 진정 율법의 본의를 드러내셨습니다(마 5:22, 28, 34, 39 44). 예수님은 종교 지도자들이 율법의 세칙을 만들어 어깨에 지운 "무거운 짐"으로 수고하고 있는 사람들(마 23:4)에게 안식을 주겠다고 친히 약속하셨습니다. "수고하고 무거운 짐 진 자들아 다 내게로 오라 내가 너희를 쉬게 하리라"(마 11:28). 그분은 옛 언약에 속한 율법 조문에서 사람들을 해방시켜 주셨습니다.

히브리서 저자가 새 언약의 상황을 간명하게 요약하였듯이, 옛 언약에 속한 제사법은 그리스도 안에서 완전하게 이루어졌습니다. 그러므로 우리는 더 이상 옛 제사법에 의하여 하나님에게 나가지 않고 그리스도를 의지하여 하나님께 나아갑니다(히 7-10장).

동일한 교훈을 바울은 이렇게 가르쳤습니다. 그리스도 안에서 때의 충만(종말의 때)에 살고 있는 신약의 성도들에게 더 이상 율법의 멍에를 매게 해서는 안 된다고 말입니다. "그리스도께서 우리를 자유롭게 하려고 자유를 주셨으니 그러므로 굳건하게 서서 다시는 종의 멍에를 메지 말라." 여기서 말하는 "종의 멍에"는 총체적인 율법의 멍에를 가리킵니다(갈 4:14; 5:1, 2; 골 2:17, 20-23). 우리를 어떤 유든 의식법을 지키게 강요하는 것은 다시 율법의 멍에 아래로 끌고 가는 행동입니다. 그리스도 안에 있는 사람들은 성령의 인도함을 받는 사람들입니다. 이제 그들은 더 이상 율법 아래 있지 아니 합니다(갈 5:18). 신약교회는 종의 영 받은 것이 아니라 양자의 영을 받았습니다(롬 8:15; 갈 4:6). 주는 영이시며, "주의 영이 계신 곳에는 자유가 있"습니다(고후 3:17).

2) 헌금의 관리와 헌금의 방법

글을 마치기 전에, 앞에서 설명한 헌상의 정신에 의거하여 헌금을 관리하고 헌금을 드리는 방법과 관련하여 몇 가지 실제적인 방안을 제안합니다.

첫째, 교회에서 십일조나 헌금과 관련하여 오해되고 있는 것들을 불식시키기 위해 교회에서는 (헌금을 정확하게 내도록 도와준다는 미명 하에 무슨 세금을 납부하듯이) 모든 교인들에게 획일적인 요율의 헌금 내도록 요구하지 않도록 하는 것이 좋습니다. 예배 순서에 있는 헌상 시간은 우리의 모든 것이 주님의 것임을 고백하고 우리 자신을 하나님께 헌신하는 시간입니다. 그 시간은 자발적으로 기쁨으로 자신의 모든 것을 바치는 시간이어야 합니다. 그 시간에 교인들이 일주일의 삶을 돌아보며 주님을 나의 소유의 주인으로 인정하며 살았는지 반성하고, 앞으로 온전하게 헌신하며 살겠다고 결심하는 기회를 삼도록 격려해야 합니다. 통상, 이 시간에 거의 대부분의 성도들은 물질을 드립니다. 물질은 액수, 요율과 상관없이 자신의 모든 것을 하나님께 드리는 표입니다. 자신의 전부를 대표하여 드리는 것인 만큼 그 금액에 무게를 느낄 만큼 넉넉히 드려야 합니다.

둘째, 진정한 헌신의 정신을 반영하기 위해서는 많은 교회에서 사용하는 "헌금(獻金)"과 "헌금시간"이란 용어도 정리할 필요가 있습니다. 이 용어는 교인들이 자칫 모든 감사와 헌신을 재화 가치로 바꾸어 이해하고, 헌상 시간을 돈을 내는 시간이라고 생각하게 합니다. 그래서 헌신의 정신이 잘 드러나게, "헌금"이란 용어 대신에 우리의 모든 것을 하나님께 바친다는 의미의 "드림"(봉헌, 奉獻)이나 "헌신(獻身)" 또는 "헌상(獻上)"이란 용어를 사용하는 것이 좋을 것입니다. 저는 이 책에서 줄곳 하나님께 올려드린다는 의미의 "헌상"이란 용어를 사용했습니다.

셋째, 교회 재정은 교회의 봉사직을 위해 선출 받은 집사(안수 집사)가 관리하게 해야 합니다. 이 문제는 제가 굳이 이래라 저래라 할 사항이 아니고 교회가 저마다 알아서 할 문제라고 생각하실 분들이 많을 겁니다. 하지만 이 문제는 교회와 교회의 직원이 하는 일이 무엇인지를 밝혀준다는 점에서 무척 중요합니다.

현재 대부분의 교회가 재정을 (원래 재정을 관리하고 교회의 살림살이를 도맡아 해야 하는) 집사가 아닌 장로에게 관리하고 집행하게 하거나 심지어 담임목사가 직접 관리하는 것을 당연시하고 있습니다. 한국교회에서 상례화 되다시피 한 이와 같은 헌금 관리 체제로 인해 헌금에 대해 오해가 많이 발생합니다. 즉, 교회가 돈의 가치를 중요시하기에 교회 내의 최고 직분자에게 헌금 관리하는 것을 맡긴다고 말입니다. 말씀을 전하는 목회자는 말할 것도 없고 장로는 교인들을 목양하라고 부름 받은 사람들입니다. 교인들을 감독하고 생활을 돌아보고 이단으로부터 교회를 보호하는 일이 그분들의 직무입니다.[5)]

반면에, 집사는 섬김과 봉사 그리고 재정 출납을 책임 맡은 사람입니다.[6)] 집사의 사역의 특성상, 재정을 관리하면서 교회의 살림을 하는 것이 집사로 부름을 받은 직임을 다하는 것입니다. 교회의 성직 서열이 존재하지 않습니다. 그러므로 재정 출납과 관련한 봉사의 일은 원래 그 일을 위해 세움을 받은 집사들이 그들의 은사를 발휘하도록 해야 합니다. 장로들은 다른 영역에서 교회의 사역에 참여하도록 해야 합니다.

넷째, 교회에서는 각종 명목의 헌금 봉투를 없애고, 헌금 명목이나 헌금하는 사람의 이름을 적지 않은 봉투 한 종류만을 교회에 비치하여 헌상하게 하는 것이 좋을 것입니다. 오랫동안 한국 교회에 만연한 병폐 중에 하나는 담임목사님이 헌금하는 사람이 누구인지, 그가 얼마를 헌금하는지 일일이 확인하는 데 있었습니다. 이 경우 신자들은 (실제로) 목회자에게 잘 보이거나 직분을 맡을 때 유리하려고 헌금을 하는 경향이 있습니다. 목사님들은 교인들 중에서 헌금을 많이 하는 사람과 헌금을 규칙적으로 하는 사람에게 관심의 무게를 둘 유혹을 받게 됩니다.

신자들은 사람에게 보이려고 헌금하는 것이 아닙니다. 헌상시간은 사

---

5) 장로교 헌법의 "교회 정치" 제9장 제 3조에 장로의 직무가 이런 식으로 규정되었습니다.

6) 장로교 헌법의 "교회 정치" 제10장 제 3조에 집사의 직무가 "집사의 직무는…… 교회에서 책정된 구제비와 일반 재정을 수납 지출한다"고 규정되었습니다.

람들 눈치 볼 것 없이 하나님께 자신의 소유를 드리는 시간입니다. 실제로 돈을 드리는 것이 하나님께 자신을 드리는 것이니, 하나님만 보시면 되는 것입니다. 하나님은 은밀한 중에 보시는 하나님이십니다.

현재 헌금하던 방식을 이런 식으로 바꾼다면, 헌금 액수가 줄어들 것이라고 염려하는 목회자나 교회도 있을 것입니다. 이 때문에 성경의 바른 교훈이 있어도 여전히 헌금 봉투에 이름 쓰기를 권장하고, 각종 명목의 헌금을 강요하는 것 같습니다. 그래서 제가 제안한 것이 현대 교회로서는 받아들이기가 무척 어려운 파격적인 제안이라고 생각할 수 있을 것입니다. 하지만 신약성경의 원리를 따르고 거기에 기초하여 제가 제안한 헌상 방법을 실천하는 것이 한국교회가 침체에서 벗어나 건강하게 성장하는 길이라고 저는 확신합니다. 현행 방식대로 헌금하는 것은 헌금 액수를 늘이는 현실적인 효과는 있을지 몰라도 바른 신앙지도는 하지 못할 것이 분명합니다. 반대로, 성경대로 헌금하기를 지도하면, 혹시(정말로 혹시) 교회의 예산은 줄어들지 몰라도 교인들은 분명히 영적으로 성숙한 사람이 될 것입니다. 이건 사족인데, 제가 아는 바로, 이러한 성경적인 교훈을 잘 시행하는 교회 중에 목사님이 교인이 교회의 중요성과 헌상의 의미를 잘 이해하여 너무 헌신하는 것 때문에 교인의 생활을 염려해야 하는 교회도 있습니다.

바울은 자기가 "굶어 죽을지라도" 교회 세우기 위해 힘을 썼습니다(고전 9:15). 교인들에게 하나님께 바르게 헌신하고 헌상하도록 가르치는 것이 목회자의 책임이고, 교회의 사명이 아닐까요? 교회가 사업체도 아니고 이득을 남기는 사업하는 것을 목적으로 삼는 것도 아닌데 헌금액수에 관심을 가질 필요가 있을까요? 하나님께서 그 교회에 주신 은혜(전체 헌금 액수)만큼 교회가 사역하면 되지 않을까요? 진정한 헌신과 봉헌의 의미가 무엇인지 가르치고 일상생활에서 그것을 지키며 살도록 지도하는 것이 더 바르고 성경적이지 않을까요? 교인들은 목회자가 아니라 하나님께 인정을 받아야 하고(참조. 마 6:1-6), 목회자는 교인들을 자신이 아니라 하나님께 인도하는 데 모든 관심을 쏟아야 합니다.

마지막으로, 이번에는 성도들에게 한 말씀 드리겠습니다. 신자들이 교회를 섬기는 사역자들에게 사례금을 주면서 그분들의 생활을 지지해 주는 것을 마치 자기들이 헌금을 모아 사역자들에게 급료를 주는 것으로 생각해서는 안 됩니다. 성도들은 헌상 시간에 하나님께 자기가 가진 것 전부를 드립니다. 그리고 하나님의 것을 하나님께 드렸다면, 그것으로 끝이라고 생각해야 합니다. 헌금을 낸 액수만큼 교회에서 권리를 주장하거나 마치 자기가 낸 돈으로 목사의 월급을 준다고 감히 생각하지 말아야 합니다. 목회자의 생활비는 하나님께서 공급하시는 것입니다.

동시에 현실적으로는 교회에서 목회자에게 사례비, 또는 목회 활동비로 주는 것은 오히려 사역자들이 아무 것도 매이지 않고 교회를 섬길 수 있도록 필요한 자원을 제공하는 것입니다. 목회자들이 생계를 걱정하지 않고 목회 활동에 전념하는 것이 결국 성도들 자신을 위하는 일입니다. 현대교회에서 목회자가 목회 사역을 하면서 교회로부터 생활에 필요한 재정을 충분히 공급 받지 못한다면, 목회자는 목회지를 떠나거나 목회지에 대한 관심을 덜 쏟고 일반 직업을 갖든지, 목회를 하면서 다른 직업을 병행 할 수밖에 없습니다. 이 책을 처음부터 끝까지 읽은 사람이라면, 십일조 규율이 신약시대에 적용되지 않는다는 것이 자기 수입을 자기가 마음대로 사용해도 좋다는 의미가 아니라는 것을 알 수 있을 것입니다. 교인들은 자발적으로 넉넉하게 헌상해야 합니다. 그것이 교회 공동체를 건강하게 세우는 한 방법입니다.

또한 신자들은 교회 밖에서 우리의 삶이 어떠해야 할지에 대해서도 깊이 생각해야 합니다. 우리나라의 기독교인 수가 20~25퍼센트라고 합니다. 그런데 각종 비리의 주범으로 기독교인이 지목되고 있습니다. 교회에서는 얼마나 충실한 신자로 행동하는지는 잘 모르겠지만, 삶에서 헌신하는 것이 얼마나 중요한지 모르고 행동하여 비난의 대상이 되는 것입니다.

교회는 눈앞에 보이는 헌금 액수의 많고 적음에 관심을 기울이기보다는 신자들이 삶의 전 영역에서 그리스도를 따라가는 제자가 되도록, 또 하나님께 헌신하는 사람으로 살도록 가르치고 격려하는 데 힘을 써야 합니다. 매주 헌상시간은 한 주일의 삶을 돌아보며 우리의 삶을 주님께 드리는 시간입니다. 성경적인 내용이라고 하면서 구약시대에 시행되던 것을 완전히 구약적이지도 않은 방식을 신약시대에 어중간 하게 적용함으로써, 예수 그리스도로 말미암아 도래한 새 시대의 영광과 신령함을 희석해서는 안 될 것입니다.

글을 마치며

글을 마치며

본서의 주제와 관련해서 앞에서 잘 설명했지만, 책을 마무리하면서 결론적으로 몇 말씀을 드리겠습니다. 신자들은 이 세상에 있는 한 이 세상이 움직이고 운영되는 원리에 어느 정도 영향을 받기 마련입니다. 교회나 신자들이 세상의 힘의 원리에서 벗어날 수 있는 가장 좋은 방법은 우리가 그리스도 안에 있는 사람이며 하나님께 헌신한 사람이라는 것을 늘 확인하는 것입니다.

또 하나는 돈에 대한 우리의 입장을 분명히 하는 것입니다. 이 세상은 현재 돈을 무척 좋아하고 그 힘의 지배를 받고 있습니다. 그런데 분명한 또 하나의 진리는 성도들도 이러한 세상에 살고 있다는 것입니다(in the world). 그러나 성도들은 하나님을 위하여 구별된 사람들답게 세상에 속한 사람으로 살지 말아야 합니다(not of the world). 이것이 바로 성경적인 세계관입니다.

성경적인 세계관을 가지고 사는 가장 좋은 방법은 물질에 대한 입장을 바르게 갖는 데 있습니다. 그것은 하나님과 재물을 겸하여 섬기지 않는 것입니다. 재물이 지배하고 큰 힘을 발휘하는 세상에서 물질을 소유하는 데에만 관심을 가질 때 직면하게 되는 위험에 대하여 사이더 박사는 이렇게 경고합니다. "풍부한 소유는 하나님이 모든 선한 것의 근원이심을 잊게 만든다. 그래서 사람들은 전능자보다 자기 자신과 부(富)를 신뢰한다. 자기 자신에게 초점을 맞출 때 우리는 하나님뿐만 아니라 그분이 창조하신 (가난한) 사람들마저 잊어버린다."라고 말입니다.[1] 맘몬을 섬길 위험성과 거기서 벗어날 수 있는 방법을 예수님은 이렇게 제시하셨습니다. "한 사람이 두 주인을 섬기지 못할 것이니 혹 이를 미워하고 저를 사랑하거나 혹 이를 중히 여기고 저를 경히 여김이라 너희가 하나님과 재물을 겸하여 섬기지 못하느니라"(마 6:24). 하나님만을 섬기는 것이 재물을 섬기지 않는 유일한 방법입니다.

동시에, 우리가 비록 우리의 유형, 무형의 소유를 하나님께 드리며 살아야 한다는 성경의 원리를 알고 있다고 하더라도, 현실적으로 생각해야 할 것이 있습니다. 헌상시간에 돈을 드리고 안 드리고의 문제는 교회가 살림을 하고, 말씀 사역자에게 생활비를 제공하고, 교회에서 물질적으로 가난하고 도움이 절실히 필요한 사람을 지원하는 데 영향을 미치게 되어 있다는 사실입니다.

하지만 물질을 드릴 여력이 충분히 있는데도, 말로는 헌신을 한다고 하면서 물질을 드리지 않는 성도가 있다면 그가 주장하는 헌신이 진정한 것인지 반성해봐야 합니다. 야고보 선생이 잘 표현한 것처럼, 구체적으로 남을 도와야 하는 상황에서 믿음이 있다고 하는 사람이 "행함이 없으면" 그 믿음이 과연 그 사람을 구원할 수 있을지, 그의 말이 무슨 유익이 있을지 돌아보게 합니다. 야고보 선생은 이보다 한 걸음 더 나아가 그러한 믿음은 "그 자체가 죽은 것이라"고 판단합니다(약 2:14-17). 모든 경우는 아니지만, 상당히 많은 경우 헌상은 물질 드리는 것으로 표현되곤 합니다. 진정 구원 얻을 만한 믿음을 가지고 있다면, 그 믿음은 반드시 "사랑으로써 역사하는 믿음"이어야 합니다(갈 5:6).

---

1) Sider, 『가난한 시대를 사는』, 169.

교회가 지상에 있는 동안 교회가 세워지고 건강하고 바르게 사역을 하기 위해서 현실적으로 물질이 필요하고 물질이 무척 중요하게 작용한다는 것은 사실입니다. 그렇다고 해서 구약시대에 시행되던 것을 신약시대에도 계속된다고 주장하면서 이미 지나간 시대에 행해지던 것을 헌금의 표준으로 삼아 신자들에게 강요하는 것은 바르지 않습니다. 이보다 더 중요한 것은 하나님의 구원의 역사의 과정과 시대의 변화를 이해하는 것입니다. 모든 신자는 신약시대에는 구약시대보다 훨씬 더 높은 차원의 드림이 요구된다는 것을 기억해야 합니다. 그것은 우리가 그리스도 안에서 자신을 드리고, 일상적인 삶에서 교회 공동체에서 다른 사람을 섬기는 데 자신의 소유를 즐겨 그리고 넉넉히 사용하는 것입니다. 그러나 이것은 재화 가치로만은 표현할 수 없는 삶입니다.

교인들은 비록 자원하여 헌상의 액수를 정하겠지만, 자신이 생각하는 헌신의 무게만큼, 또 마음이 가는 만큼 넉넉하게 헌금하기를 바랍니다. 바울이 비록 소극적으로 표현했지만, 연보를 억지로 하지 않고 인색하게 하지 않는다는 말은 마게도냐 교회처럼 "환난의 많은 시련 가운데서 그들의 넘치는 기쁨과 극심한 가난이 그들의 풍성한 연보를 넘치도록" 하는 것을 의미합니다(고후 8:2).

아울러 교회에서 연보를 집행하는 분들은 교인들이 헌금한 것을 정말 바르게 사용하도록 지혜를 모아야 합니다. 교회당을 쾌적하게 유지하든지, 선교사를 후원하여 경비를 보내든지, 구제를 하든지, 목회자의 생활비를 후원하든지, 너무 궁핍하지 않도록 그러나 너무 사치스럽지 않게 교회의 재정을 사용해야 합니다. 이 중차대한 과업을 잘 수행하려면 성령님께서 주시는 지혜가 필요할 것입니다.

주님께서 성숙한 성도들이 헌신하며 드리는 헌상을 받으셔서 주님의 몸 된 교회를 튼튼하게 세우시기를 기도합니다.

참고 문헌

Aalders, G. Ch. Genesis. Vol. I. BSC. Grand Rapids: Zondervan, 1981.

Arnold, E. "Excerpts from the History of the Baptists' Movement." BRR (Autumn, 1978).

Bahnsen, Greg L. Theonomy in Christian Ethics. Nutley: Craig Press, 1979.

Baldwin, J. G. Malachi. TOTC. Downers Grove: IVP, 1972.

Banks, R. Jesus and the Law in the Synoptic Tradition. SNTS Monograph 28. Cambridge: Cambridge University Press, 1975.

Barrett, C. K. A Critical and Exegetical Commentary on the Acts of the Apostles. Vol. I. Edinburgh: T & T Clark, 1994.

Beale, G. K. 『신약성경신학』. 김귀탁 옮김. 서울: 부흥과개혁사, 2013.

Berger, Robert D. 1, 2 Samuel. NAC 7A. Nashville: Broadman & Holman, 1996.

Blomberg, Craig L. 『가난하게도 마옵시고 부하게도 마옵소서』. 박규태 옮김. 서울: IVP, 2012.

Bock, D. L. Luke. Vol 2: 9:51–24:53. BECNT. Grand: Baker, 1996.

Breneman, Marvin. Ezra, Nehemiah, and Esther. NAC 10. Nashville: Broadman & Holman, 1993.

Bright, John. The Authority of the Old Testament. Grand Rapids: Baker, 1975.

Bruce, F. F. The Epistle to the Hebrews. NIC. Grand Rapids: Eerdmans, 1964.

______. 『신약사』. 나용화 옮김. 서울: 기독교문서선교회, 1999.

Budd, P. J. Numbers. WBC. Waco: Word Books, 1984.

Calvin, John. Commentary on the Book of Genesis. Vol. 1. Grand Rapids: Eerdmans, 1948.

Carson, D. A. Matthew. Expositor's Bible Commentary. Grand Rapids: Zondervan, 1984.

Clowney, E. P. 『설교와 성경신학』. 류근상 옮김. 고양: 크리스챤출판사, 2003).

Cole, R. Dennis. Numbers. NAC 3B. Nashville: Broadman & Holman, 2000.

Cowles, R. T. Scriptural Teaching on Stewardship. Grand Rapids: Baker Book House, 1958.

Craigie, P. C. The Book of Deuteronomy. NICOT. Grand Rapids: Eerdmans, 1976.

Danker, F. W. Jesus and the New Age: A Commentary on St. Luke's Gospel. Philadelphia: Fortress, 1988.

Dillard, R. B. 2 Chronicles. WBC. Waco: Word Books, 1987.

Ellingworth, Paul. Commentary on Hebrews. NIGTC. Grand Rapids: Eerdmans, 1993.

Feinberg, C. L. "Tithe." In Pictorial Encyclopedia of the Bible. Grand Rapids: Zondervan, 1977.

France, R. T. Matthew. Tyndale. Downers Grove: IVP, 1985.

Goldsworthy, Graeme. 『그리스도 중심 성경신학』. 윤석인 옮김. 서울: 부흥과개혁사, 2013.

Green, J. B. The Gospel of Luke. NICNT. Grand Rapids: Eerdmans, 1997.

Gundry, R. Matthew. Grand Rapids: Eerdmans, 1982.

Hagner, D. A. Matthew 14-28. WBC. Waco: Word Books, 1995.

Hawthorne, G. F. Dictionary of the New Testament Theology. Ed. by Brown, C. Grand Rapids: Zondervan, 1971, 1978.

Hengel, Martin. 『초대교회의 문제. 부와 재산』. 송영의 옮김. 서울: 지평서원, 1993.

Herbert and Danby. The Mishnah. Oxford: Oxford University Press, 1958.

Hill, D. The Gospel of Matthew. NCB. Grand Rapids: Eerdmans, 1981.

Hugenberger. Gordon P. ESV Study Bible. Wheaton: Crossway Bibles, 2008.

Hughes, P. E. A Commentary on the Epistle to the Hebrews. Grand Rapids: Eerdmans, 1977.

Interpreter's Dictionary of the Bible. Vol 4. Nashville: Abingdon Press, 1962.

Jacobson, H. F. "Tithe." Schaff-Herzog Encyclopedia of Religious Knowledge. Vol. 4. New York, 1893.

Jeremias, Joachim. 『예수님시대의 예루살렘』. 서울: 한국신학연구소, 1988.

Johnson, Luke T. 『공동소유』. 박예일 옮김. 대전: 대장간, 2013.

Josephus. 『고대사』.

______. 『아피온 반박문』.

Keil & Delitsch. Commentary on the Old Testament. Vol. I Pentateuch. Grand Rapids: Eerdmans, n.d.

______. Minor Prophets. Vol II. Grand Rapids: Eerdmans, 1949.

Klein, Ralph W. 1 Samuel. WBC. Waco: Word Books, 1983.

Koehler, L. and Baumgartner, W. The Hebrew and Aramaic Lexicon of the Old Testament. Leiden: Brill, 2001.

Lane, W. Hebrews 1–8. WBC. Waco: Word Books, 1991.

Lightfoot, J. A Commentary on the New Testament from the Talmud and Hebraica. Peabody: Hendrickson, 1859, 1989.

Longenecker, R. "The Melchizedek Argument of Hebrews." In Unity and Diversity in the New Testament Theology. Ed. by Guelich, R. A. Grand Rapids: Eerdmans, 1978.

Louw J. & Nida, E. Greek–English Lexicon of the New Testament Based on Semantic Domains. Vol. II. New York: UBS, 1988.

Marshall, I. H. The Gospel of Luke. NIGTC. Grand Rapids: Eerdmans, 1978.

Mays, J. Amos. OTL. London: SCM, 1969.

McConville, J. G. Law and Theology in Deuteronomy. JSOTSup 33. Sheffield: JSOT, 1984.

______. "Nehemiah." 821–47. ESV Study Bible. Wheaton: Crossway Bibles, 2008.

McNeile, A. H. The Gospel According to St. Matthew. Grand Rapids: Baker, 1915.

Meek, J. "Toward A Biblical Typology." Th. M. Thesis in Westminster Theological Seminary, 1981.

Merrill, Eugene H. Deuteronomy. NAC 4. Nashville: Broadman & Holman, 1994.

Mitchell, J. J. "Tithing, Yes!." Presbyterian Guardian (Oct. 1978).

Morris, L. The Gospel According to Matthew. Grand Rapids: Eerdmans, 1992.

Motyer, J. A. 『공법을 물같이 정의를 하수같이』. BST. 서울: 기독지혜사, 1987.

Murray, John. Principles of Conduct. Grand Rapids: Eerdmans, 1957.

Neusner, J. Judaism: The Evidence of the Mishinah. Chicago: The University of Chicago Press, 1981.

Nolland, J. Luke 9:21–18:34. WBC 35B. Dallas: Word Books, 1993.

Noordtzij, A. Leviticus. BSC. Grand Rapids: Zondervan, 1982.

______. Numbers. BSC. Grand Rapids: Zondervan, 1983.

Noth, M. Leviticus. OTL. London: SCM, 1977.

______. Numbers. OTL. London: SCM, 1968.

Payne, J. B. The Theology of the Older Testament. Grand Rapids: Zondervan, 1962.

Peterson, J. J. "Tithing, NO!" Presbyterian Guardian (Oct. 1978).

Ridderbos, H. Matthew. BSC. Grand Rapids: Zondervan, 1950–51, 1987.

Rooker, Mark F. Leviticus. NAC 3A. Nashville: Broadman & Holman, 2000.

Ryrie, Charles C. Dispensationalism Today. Chicago: Moody Press, 1967.

Sailhamer, John H. 『'서술'로서의 모세오경(하)』. 김동진 역. 서울: 크리스챤서적, 2005.

Schweizer, E. 『마태오복음』. 국제성서주석. 서울: 한국신학연구소, 1976, 1986.

Sider, Ronald. 『가난한 시대를 사는 부유한 그리스도인』. 한화룡 옮김. 서울: IVP, 2009.

Smith, Billy K. and Page, Frank S. Amos, Obadiah and Jonah. NAC 19B. Nashville: Broadman & Holman, 1995.

Smith, R. L. 『미가-말라기』. WBC. 서울: 솔로몬, 1991.

The NIV Study Bible. Colorado Springs: International Bible Society, 1983.

Thompson, J. A. 1, 2 Chronicles. NAC 9. Nashville: Broadman & Holman, 1994.

VanGemeren, W. A. "Malachi." In Evangelical Commentary on the Bible. Grand Rapids: Baker, 1989.

Verhoef, P. A. "Tithing–A Hermeneutical Consideration." In The Law and the Prophets. Ed. by Skilton, John. Phillipsburg: P&R, 1974.

Vischer, L. Tithing in the Early Church. Philadelphia: Fortress, 1966.

Von Rad, G. Genesis. OTL. London: SCM, 1961, 1979.

______. Deuteronomy. OTL. London: SCM, 1966.

Vos, Geerhardus. The Teaching of the Epistle to the Hebrews. Grand Rapids: Eerdmans, 1956.

______. 『구속사와 성경해석』. 이길호, 원광연 옮김. 고양: 크리스챤다이제스트, 1998.

______. 『성경신학』. 원광연 옮김. 고양; 크리스챤다이제스트, 2005.

Walton, John H. et al. The IVP Bible Background Commentary: Old Testament. Downers Grove: IVP, 2000.

Wenham, G. J. Genesis 1–15. WBC. Waco: Word Books, 1987.

Westermann, C. Genesis 12–36. Minneapolis: Augusburg, 1981, 1985.

______. Genesis 37–50. Minneapolis: Augusgurg, 1982.

Williamson, H. G. M. 1 and 2 Chronicles. NCB. Grand Rapids: Eerdmans, 1982.

______. Ezra, Nehemiah. WBC. Waco: Word Books, 1985.

Willis, J. R. "Tithe." In Dictionary of the Apostolic Church. Vol. 2. Ed. by Hastings, James Edinburgh: T & T Clark, 1918.

Wilson, J. C. "Tithe." The Anchor Bible Dictionary. Vol. 6. Ed. by Freedman, David Noel et al. New York: Doubleday, 1992.

Wolff, Hans Walter. Joel and Amos. Hermeneia. Philadelphia: Fortress, 1977.

Young, S. Giving and Living—Foundations for Christian Stewardship. Grand Rapids: Baker Book House, 1974.

성기문. "장 칼뱅의 주석에 따른 구약 십일조와 신약 헌금." 『진리와 학문의 세계』 6 (2002): 11–29.

조휘. "말라기서에 언급된 십일조 권면(3:6–12)의 신학적 의미." 『신학논단』 64 (2011): 229–57.